WORKBOOK

Cambridge Assessment International Education
Endorsed for learner support

Cambridge IGCSE™

German

Alice Gruber

VOCABULARY

T0272936

Orders: please contact Hachette UK Distribution, Hely Hutchinson Centre, Milton Road, Didcot, Oxfordshire, OX11 7HH.
Telephone: +44 (0)1235 827827. E-mail: education@hachette.co.uk
Lines are open from 9 a.m. to 5 p.m., Monday to Friday. You can also order through our website: www.hoddereducation.com

ISBN: 978 1 5104 4806 3

© Alice Gruber 2019

First published in 2019 by
Hodder Education,
An Hachette UK Company
Carmelite House
50 Victoria Embankment
London EC4Y 0DZ
www.hoddereducation.com

Impression number   10 9 8 7 6 5

Year   2023 2022

Cover photo © Fotolia

Typeset in India

Printed by Hobbs the Printers Ltd, Totton, Hampshire SO40 3WX

A catalogue record for this title is available from the British Library.

Introduction

Welcome to the Cambridge IGCSE™ German Vocabulary Workbook. This workbook will build your confidence in German vocabulary. It covers a wide range of key vocabulary for your Cambridge IGCSE syllabus. It is designed to complement the second edition of the Student Book and to provide additional exercises to help you consolidate your learning. It supports the Cambridge IGCSE German syllabus.

The sections in this workbook follow the order of your Student Book. On each page there are spaces for you to write your answers, apart from some of the longer activities, which are best done on a separate piece of paper. There is no set approach to using this workbook. You may wish to use it when studying the different units to help you learn vocabulary or at a later point in the course to help with vocabulary revision. The workbook is intended to be sufficiently flexible to suit whatever you feel is the best approach for your needs.

Answers

All answers to the exercises in this workbook can be found online here:
www.hoddereducation.co.uk/igcse_mfl_workbook_answers

Contents

1.1 My home (1)

Einsteigen

1 Welche Buchstaben fehlen? Schreiben Sie die fehlenden Buchstaben in die Lücken.

1 H __ us

2 W __ hnu __ g

3 Sta __ t

4 L __ nd

5 Do __ f

6 Gar __ en

7 St __ dtmi __ te

8 Ei __ fam __ lie __ ha __ s

2 Schreiben Sie die Sätze aus.

1 wirwohneninspanien.

....

2 siehateineinfamilienhausundeinengarten.

....

3 sarahlebtineinemdorfinösterreich.

....

4 unserewohnungistsehrgroß.

....

5 meinefamiliewohntamstadtrand.

....

6 karlwohntaufeinembauernhof.

....

7 ichlebeineinergroßstadt

....

8 esgibtvielereihenhäuserindieserkleinstadt.

....

3 Lösen Sie die Anagramme.

1 BRGEE ....

2 KSTÜE ....

3 DNASTR ....

4 GIOREN ....

5 BARUEONHF ....

6 RTO ....

7 DROF ....

8 UAHS ....

4 Finden Sie die zehn versteckten Wörter.

E	Z	I	C	N	O	C	N	D	Q	D	A	C	O	D
I	Y	H	L	A	N	D	K	F	C	T	G	O	O	T
N	Q	T	U	D	U	L	X	U	S	A	A	R	Z	T
F	D	S	I	W	O	H	N	E	N	Q	R	R	U	S
A	A	T	X	A	X	F	C	G	M	I	T	P	R	H
M	N	A	B	J	R	A	S	C	T	L	E	F	O	J
I	O	D	E	M	O	C	L	O	R	E	N	N	A	P
L	V	T	F	E	H	F	R	O	D	Z	C	J	A	I
I	L	M	C	A	T	I	D	W	Q	O	H	Y	C	S
E	S	I	U	F	O	J	B	V	I	V	I	R	H	S
N	S	T	T	H	S	G	N	U	N	H	O	W	D	T
H	L	T	D	U	S	G	W	V	G	A	V	M	W	R
A	F	E	R	G	V	O	R	O	R	T	I	P	E	A
U	S	E	L	C	B	Z	P	N	Q	X	V	X	I	N
S	K	R	Z	P	S	U	A	H	V	D	Z	Y	M	D

WOHNEN
STADTMITTE
WOHNUNG
GARTEN
DORF
STRAND
VORORT
HAUS
LAND
TOILETTE

1.1 My home (2)

Abfliegen

1 Welches Wort passt nicht? Kreisen Sie das Wort ein.

  1 Wohnzimmer   Küche   Bad   Stock

  2 Erdgeschoss   Keller   Geschirrspüler   Flur

  3 Bett   Bad   Stuhl   Sofa

  4 angenehm   bequem   schön   langweilig

  5 blau   schwarz   bequem   gelb

  6 lernen   schlafen   Fußball spielen   fernsehen

  7 Schloss   Villa   Bild   Wohnung

  8 Platz   Ort   Zimmer   Regal

2 Lösen Sie das Kreuzworträtsel.

Vertikal

  1 Ein Ort mit Tieren

  3 Das Gegenteil von dunkel

  4 Ein Gerät, das das Essen in wenigen Minuten warm macht

  5 Dort gibt es viel Natur und man kann in der Sonne sitzen

Horizontal

  2 Dort, wo man das Auto parkt

  6 Ein Raum unter dem Haus

  7 Damit kann man von A nach B fahren

  8 Damit kann man verschiedene Sender sehen

  9 Das Gegenteil von schön

3 Ordnen Sie die Zahlen den Buchstaben zu.

1 über dem Erdgeschoss ☐   **A** der Keller

2 unter dem Erdgeschoss ☐   **B** der Balkon

3 Dort befindet sich eine Dusche ☐   **C** erster Stock

4 Er ist draußen und man kann von dort auf die Straße/den Garten sehen ☐   **D** das Regal

5 Darauf stehen viele Bücher ☐   **E** das Badezimmer

6 Dort schläft man ☐   **F** das Fenster

7 Man macht es auf, damit frische Luft hereinkommt ☐   **G** das Schlafzimmer

8 Das Auto meiner Mutter steht dort. ☐   **H** die Garage

1.1 My home (3)

Unterwegs

1 Was fehlt? Vervollständigen Sie die Wörter.

1 Der K __ hlsch __ ank ste __ t ne __ en de __ H __ rd.

2 Z __ isc __ de __ Wo __ nzi __ mer und de __ K __ ch __ ist da __ __ ad.

3 __ ech __ s von de __ T __ r is __ d __ s Fens __ er.

4 H __ n __ er de __ Tis __ h st __ ht ein __ La __ pe.

5 De __ Ke __ le __ ist __ nt __ r de __ Ba__.

6 Toby __ rbeite __ __ or de __ H __ us.

7 Le __ der ha __ en wi __ kein __ Geschir __ spül __ asch __ ne i __ un __ ere __ Haus.

8 Wi __ vi __ l __ B __ dezi __ me __ g __ bt __ s in eu __ e __ Ha __ s?

2 Schreiben Sie die Nomen an die richtige Stelle. Ein Wort brauchen Sie nicht.

1 Auf meiner .... im .... stehen viele Fotos.

Ofen   Kommode   Geschirrspüler   Schlafzimmer

2 Mein .... und meine .... liegen auf dem Schreibtisch.

Zeitschriften   Küchenherd   Heft   Waschmaschine

3 Wenn ich meine .... mache, sitze ich an meinem ....

Gartenarbeit   Schreibtisch   Wolldecke   Hausaufgaben

4 Für mein Hemd brauche ich mein .... , das auf dem .... steht.

Heizung   Bügeleisen   Elektrizität   Regal

5 Im .... steht das .... meiner Schwester.

Boden   Zaun   Motorrad   Keller

6 Wenn es sehr warm ist, benutze ich die .... im ....

Garten   Wohnzimmer   Heizung   Klimaanlage

7 Der .... in unserem Haus ist kaputt und ich muss deshalb die

.... nehmen.

Erdgeschoss   Lift   Treppe   Ausgang

8 Unser Auto steht auf dem .... neben der ....

Garage   Garten   Parkplatz   Batterie

3 a Wie lauten die Präpositionen? Verbinden Sie die Präpositionen mit dem englischen Wort.

1 v.......... ☐   **3** n.......... ☐   **a** behind   **c** in front

2 z.......... ☐   **4** h.......... ☐   **b** next to   **d** between

3 b Diese Präpositionen werden mit Dativ verwendet.

1 b..........   **3** n..........   **5** v..........

2 m..........   **4** s..........   **6** z..........

1.2 My school (1)

1 Welche Buchstaben fehlen? Schreiben Sie die fehlenden Buchstaben in die Lücken.

1 Ph __ si __

2 Erd __ un __ e

3 Fr __ nz __ sis __ h

4 Werk __ n

5 Theat __ r

6 Ge __ chi __ hte

7 Che __ ie

8 l __ rnen

2 Finden Sie die acht versteckten Adjektive, die den Unterricht beschreiben.

E	N	D	D	S	S	K	A	N	N	N
I	R	E	V	A	C	U	S	Ü	I	L
N	A	T	I	B	H	R	O	T	L	A
F	U	G	U	T	L	Z	L	Z	A	N
A	U	E	A	P	E	R	N	L	L	G
C	G	D	S	E	C	A	N	I	S	G
H	U	C	R	T	H	M	I	C	A	N
U	L	M	F	I	T	C	S	H	C	L
E	E	A	N	T	R	E	O	Q	E	E
K	O	M	P	L	I	Z	I	E	R	T

KOMPLIZIERT

EINFACH

SCHLECHT

GUT

KURZ

NÜTZLICH

SINNLOS

LANG

3 Wann findet der Unterricht statt? Schreiben Sie das richtige Wort in die jeweilige Lücke.

	Montag	Dienstag
7.45–8.45	Chemie	Physik
8.45–9.45	Geschichte	Französisch
10.00–10.45	Werken	Biologie
10.45–11.00	Erdkunde	Sport
11.00–12.00	Deutsch	Musik

Beispiel: Wann hast du Chemie? Montags in der **ersten** Stunde.

1 Wann hast du Französisch? Dienstags in der .... Stunde.

2 Wann hast du Erdkunde? Montags in der .... Stunde.

3 Wann hast du Biologie? Dienstags in der .... Stunde.

4 Wann hast du Deutsch? Montags in der .... Stunde.

1.2 My school (2)

Abfliegen

1 Ordnen Sie die Wörter in die richtige Kategorie ein.

A Angst

B Mittagspause

C gestresst

D Der Schultag endet früh.

E Spaß haben

F Viertel vor neun

G hilfsbereit

H peinlich

I Der Unterricht fängt früh an.

J fleißig

Zeit	Gefühl	Eigenschaft
		z. B. *freundlich*

2 Was passt zusammen? Schreiben Sie den richtigen Buchstaben in jedes Kästchen.

1 der Schulhof ☐

2 das Klassenzimmer ☐

3 das Labor ☐

4 die Turnhalle ☐

5 die Bibliothek ☐

6 das Lehrerzimmer ☐

7 der Musiksaal ☐

8 die Aula ☐

A Dort findet der Unterricht statt.

B Dort kann man in den Pausen entspannen.

C Dort gibt es Treffen für die ganze Schule.

D Dort steht normalerweise ein Klavier.

E Dort gibt es Experimente mit Chemikalien.

F Dort kann man lernen und Bücher ausleihen.

G Dort dürfen Schüler/innen nicht hinein.

H Dort findet der Sportunterricht statt.

3 Wie ist das Klassenzimmer? Finden Sie die sechs falschen Adjektive und korrigieren Sie sie.

Beispiel: Oh nein, das Klassenzimmer ist heute so ~~sauber~~! **schmutzig**

Oh nein, das Klassenzimmer ist heute so sauber! Es liegt viel Papier auf dem Boden. Heute scheint keine Sonne, also ist es hell. Aber sonst ist es altmodisch – wir haben viele Computer und Internet. Ich mag die Aula, sie ist sehr dunkel und hat sehr viele Fenster. Die Kantine gefällt mir nicht, sie ist schön, aber sie ist schmutzig.

1 ....

2 ....

3 ....

4 ....

5 ....

6 ....

1.2 My school (3)

Unterwegs

1 Was passt zusammen? Schreiben Sie den richtigen Buchstaben in jedes Kästchen.

1	gast-	☐	**5**	Gast-	☐	**A** saal	**E** weh
2	Schüler-	☐	**6**	Verkehrs-	☐	**B** austausch	**F** partner
3	Heim-	☐	**7**	Austausch-	☐	**C** freundlich	**G** familie
4	Speise-	☐	**8**	Schul-	☐	**D** mittel	**H** tag

2 Welches Wort passt?

1 Unser Schultag .... um 8 Uhr. *steht   fängt   wacht   beginnt*

2 In unserer Schule .... wir lockere Kleidung.

anziehen   tragen   geben   kommen

3 Der Unterricht .... montags, mittwochs und freitags um 13 Uhr.

sucht   endet   findet   hat

4 Unsere .... bietet jeden Tag leckere Snacks.

Restaurant   Schulhof   Unterricht   Kantine

5 Vor dem Schüleraustausch bin ich ganz ....

interessant   aufgeregt   peinlich   ausgezeichnet

6 Ich möchte wieder ein .... Schulfest organisieren.

langweiliges   hilfsbereites   gewöhnliches   spannendes

7 Bei deiner Gastfamilie kannst du deine Eltern jederzeit ....

aufwachen   anfangen   aufgeben   anrufen

8 .... willst du mit deiner Gastfamilie fahren?

Wer   Wohin   Wo   Wenn

3 Lösen Sie das Kreuzworträtsel.

Vertikal

1 Für manche Schüler/innen dauert er von ca. 8 Uhr bis 13 Uhr

2 Verkehrsmittel speziell für Schüler/innen

4 Schulkleidung, die für alle gleich ist

8 Der Unterricht in Deutschland beginnt nicht spät, er beginnt …

9 Man lebt bei der Austauschfamilie als …

Horizontal

3 Wenn sich Partnerschulen gegenseitig besuchen

5 Wenn man unbedingt nach Hause will

6 Mathe ist ein …

7 Exkursion mit der Schule

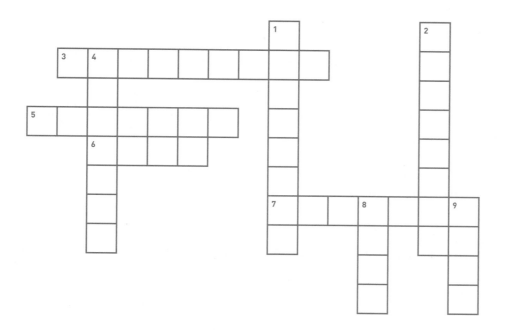

1.3 My eating habits (1)

Einsteigen

1 Ordnen Sie die Wörter in die richtige Kategorie ein.

Trauben	Gurken	Erdbeeren	Frühstück	Mittagessen
Tomaten	Champignons	Erbsen	Birnen	Kirschen

Gemüse	Obst	Mahlzeiten

2 Schreiben Sie die Sätze aus. Achten Sie auf die Groß- und Kleinschreibung.

1 meinlieblingsessenistpizza.

....

2 ichtrinkekeinenkaffee.

....

3 meineschwesterhassteier.

....

4 meinvatertrinktsehrgerntee.

....

5 ichfindemilchekelhaft.

....

6 obstistleckerundgesund.

....

7 meinbruderisstkeinesüßigkeiten.

....

8 ichtrinkenormalerweiseteezumfrühstück.

....

3 Welche Satzhälften passen zusammen? Schreiben Sie den richtigen Buchstaben in jedes Kästchen.

1 Ich trinke	☐	**A**	vor allem Erbsen finde ich ekelhaft.
2 Als Nachspeise esse ich	☐	**B**	zwei Liter Wasser pro Tag.
3 Ich mag kein Gemüse,	☐	**C**	immer Torte.
4 Ich finde	☐	**D**	Sahne.
5 Am Mittag gehe ich	☐	**E**	zum Frühstück oft einen Kaffee.
6 Normalerweise trinke ich	☐	**F**	Champignons nicht lecker.
7 Mein Lieblingsobst sind	☐	**G**	Äpfel und Birnen.
8 Zu meinem Kuchen esse ich	☐	**H**	ins Restaurant.

1.3 My eating habits (2)

Abfliegen

1 Welches Wort passt nicht? Kreisen Sie das Wort ein.

1 Mineralwasser   Tee   Cola   Torte

2 Frühstück   Snack   Sprudel   Abendessen

3 strenger   schöner   gesünder   besser

4 angenehm   bequem   schön   langweilig

5 köstlich   ekelhaft   gut   lecker

6 asiatisch   vegetarisch   französisch   österreichisch

7 Erdbeereis   Torte   Schokolade   Meeresfrüchte

8 Fisch   Sauerkraut   Meeresfrüchte   Fleisch

2 Lösen Sie das Kreuzworträtsel.

Vertikal

2 Wie ein Kuchen. aber mit Sahne

3 Auf der Speisekarte stehen viele ...

6 Leute, die keine Vegetarier sind, essen Fleisch und ...

Horizontal

1 Frühstück, Mittagessen und Abendessen sind …

4 Man isst sie oft mit Marmelade

5 Wasser mit Kohlensäure

6 Fisch, der gerade aus dem Meer kommt, ist sehr …

7 Man gibt sie auf das Frühstücksbrot

8 Süßigkeit, die man gern im Sommer isst und das kalt ist

3 Welche Satzhälften passen zusammen? Schreiben Sie den richtigen Buchstaben in jedes Kästchen.

1	Das Brot ist sehr	☐	**A**	lecker!
2	Hmmm, alle deine Gerichte sind wirklich	☐	**B**	knusprig.
3	Carlos isst weder Fleisch noch Fisch. Seine Lieblingsrestaurants sind	☐	**C**	typisch.
4	Getränke mit viel Zucker sind schlecht für die	☐	**D**	Zähne.
5	Meeresfrüchte sind nicht gut für mich, ich bin	☐	**E**	vegetarisch.
6	Das Essen gibt man auf	☐	**F**	gegen sie allergisch.
7	Für Spanien ist Paella	☐	**G**	den Teller.
8	China und Deutschland – das Essen ist sehr	☐	**H**	unterschiedlich.

1.3 My eating habits (3)

Unterwegs

1 Welches Wort passt?

1 Wer Probleme mit dem Gewicht hat, sollte ……………………… .

zunehmen   nehmen   abnehmen   wegnehmen

2 Eine ……………………… Ernährung ist am besten.

teure   ausgewogene   wichtige   ungesunde

3 Was ist der ……………………… Vorteil einer gesunden Ernährung?

beste   leckerste   billigste   größte

4 Nach der Hauptspeise esse ich gern einen ....

Vorspeise   Nachtisch   Kaffee   Torte

5 Durch gesunde Ernährung kann man Krankheiten ....

verwenden   verstehen   vermeiden   verbrauchen

6 Wie viele .... sollte man pro Tag zu sich nehmen?

Mahlzeiten   Hauptspeisen   Abendessen   Essen

7 Wenn man .... ist, sollte man nicht weiteressen.

pessimistisch   satt   verantwortlich   schwierig

8 Ich mag keine .... Getränke.

hausgebackenen   ausgewogenen   geringen   kohlensäurehaltigen

2 Wie lautet das Gegenteil?

1 Ich will **abnehmen**! ....

2 Viele Leute haben **starke** Zähne. ....

3 Das ist das **schlechteste** Getränk! ....

4 Igitt, das ist viel zu **süß** für mich! ....

5 Was bedeutet für dich **gute** Ernährung? ....

6 Das Essen kann Leute auch **gesund** machen. ....

7 Ich mag **Salz** überhaupt nicht. ....

8 Das ist aber wirklich **ekelhaft**! ....

3 Was passt zusammen? Schreiben Sie den richtigen Buchstaben in jedes Kästchen.

1	ein zuckerhaltiges Getränk	☐	**A** Fertiggericht
2	ein kohlensäurehaltiges Getränk	☐	**B** Cola
3	ein Gericht ohne Fleisch und Fisch	☐	**C** vegetarisch
4	Man isst es, wenn das Essen schnell fertig sein soll.	☐	**D** Mineralwasser
5	Er besteht oft aus Früchten und/oder Gemüse.	☐	**E** Gewicht
6	Die Kilos, die ich wiege	☐	**F** Saft
7	Man findet sie in Kartoffeln und Nudeln.	☐	**G** Milch
8	Sie stärkt die Zähne wegen des Kalziums.	☐	**H** Kohlenhydrate

1.4 My body and my health (1)

1 Welche Satzhälften passen zusammen? Schreiben Sie den richtigen Buchstaben in jedes Kästchen.

1 Ich nehme ☐   **5** Ich bleibe ☐   **A** erkältet.   **E** Rückenschmerzen.

2 Mein Hals ☐   **6** Mir ist schlecht, ich kann ☐   **B** im Bett.   **F** müde.

3 Ich habe starke ☐   **7** Ich schlafe schlecht, ich bin ☐   **C** eine Tablette.   **G** Fieber.

4 Meine Nase! Ich bin ☐   **8** 39 Grad! Ich habe ☐   **D** nichts essen.   **H** tut weh.

2 Schreiben Sie das richtige Wort in die jeweilige Lücke.

1 Mein Bein .... weh!

2 Ich bin sehr .... Ich gehe ins Bett.

3 Hast du .... ? Du siehst krank aus.

4 Mir ist .... Ich lege mich hin.

5 Ich gehe zum .... Ich bin krank.

6 Mir geht es nicht gut. Ich bleibe zu ....

7 Aua, ich habe .... !

8 Nein danke, ich will nichts .... Mir ist schlecht.

| Zahnschmerzen |
| müde |
| Arzt |
| Fieber |
| Hause |
| schlecht |
| tut |
| essen |

3 Finden Sie die zehn versteckten Wörter.

E	Z	I	C	R	E	B	E	I	F	D	A	K	O	D
I	Y	H	L	A	N	D	K	F	C	T	G	Ö	A	T
K	Q	T	U	Ü	U	L	X	U	S	A	A	R	U	T
R	D	S	I	E	R	K	Ä	L	T	E	T	P	G	S
A	A	T	X	A	X	F	C	G	M	I	T	E	E	H
N	N	A	B	J	R	A	S	C	T	Ü	E	R	N	J
K	O	D	B	E	I	N	E	O	R	E	N	T	Ä	P
H	V	T	F	E	H	F	R	O	D	Z	C	E	R	I
E	L	M	C	A	T	I	D	W	Ä	O	H	I	Z	S
I	S	I	U	F	O	J	B	V	I	V	I	L	T	S
T	S	T	N	E	M	A	K	I	D	E	M	E	I	T
E	L	T	D	U	S	G	W	V	G	A	V	M	N	R
N	F	E	R	E	D	Ü	M	O	R	T	I	P	E	A
U	S	E	L	C	B	Z	P	N	Q	X	V	O	H	R
S	K	N	E	Z	R	E	M	H	C	S	Z	Y	M	D

| **ERKÄLTET** |
| **MEDIKAMENT** |
| **AUGENÄRZTIN** |
| **BEINE** |
| **SCHMERZEN** |
| **KRANKHEITEN** |
| **FIEBER** |
| **OHR** |
| **MÜDE** |
| **KÖRPERTEILE** |

1.4 My body and my health (2)

Abfliegen

1 Welches Wort passt nicht? Kreisen Sie das Wort ein.

1 schrecklich   gesund   furchtbar   krank

2 Apotheke   Arztpraxis   Krankenhaus   Klassenzimmer

3 Medikamente   Tabletten   Grippe   Schmerzmittel

4 Grippe   Arzttermin   Fieber   Symptome

5 Nase   Ohren   Augen   Magen

6 übel   krank   schlecht   besser

7 liegen   schlafen   gehen   im Bett bleiben

8 surfen   fernsehen   lernen   wehtun

2 Lösen Sie das Kreuzworträtsel.

Vertikal

1 Dort holt man Medikamente

2 Mahlzeit am Morgen

4 Heute Morgen habe ich zwei Tabletten ...

5 Das Gegenteil von gesund

7 Mein Magen tut so ...!

Horizontal

1 Wenn man krank ist, geht man zum ...

3 Wenn man Schmerzen hat, hilft oft eine ...

6 Mein Kopf brummt. Ich habe ...

8 Hier oben hinten, im ..., tut es weh

3 Schreiben Sie die Sätze aus. Achten Sie auf die Groß- und Kleinschreibung.

1 dieerkältunghatvordreitagenbegonnen.

....

2 welchesymptomehastdu?

....

3 ichbrauchestärkeremedikamente.

....

4 meinlinkesbeintutweh.

....

5 miristimmernochschlecht.

....

6 ichbinseiteineinhalbwochenkrank.

....

7 hastdueineschmerztablettegenommen?

....

8 erhatfieberundbauchschmerzen.

....

1.4 My body and my health (3)

Unterwegs

1 Welches Wort passt nicht? Kreisen Sie das Wort ein.

1 essen   sich ernähren   kochen   simsen

2 joggen   klettern   tanzen   aufgeben

3 Fast Food   Gesundheit   Fertiggerichte   Süßigkeiten

4 sportlich   zufrieden   glücklich   froh

5 sich bewegen   rauchen   rennen   laufen

6 täglich   selten   oft   gern

7 spazieren   ausruhen   mitspielen   rennen

2 Wer sagt das? Ordnen Sie die Sätze in die richtige Kategorie ein.

A Ich achte auf eine ausgewogene Ernährung.

B Eigentlich bin ich eher faul.

C Wenn es geht, faulenze ich nur.

D Ich bin am glücklichsten, wenn ich Sport treibe.

E Ich lehne Süßigkeiten und Softdrinks auf Partys immer ab.

F Ich denke, dass Sport gefährlich ist.

G Ungesundes Essen kommt bei mir nicht auf den Tisch.

H Meine Freunde und ich mögen Sport nicht besonders gern.

Fitnessfanatiker	Fitnessmuffel

3 Welche Satzhälften passen zusammen? Schreiben Sie den richtigen Buchstaben in jedes Kästchen.

1 Ich jogge gern im Wald. ☐   **A** daher gehe ich vier Mal die Woche ins Fitnessstudio.

2 Gesunde Ernährung ist wichtig, ☐   **B** aber ich habe nicht oft Zeit für eine 30-minütige Runde.

3 Ohne Sport kann ich nicht leben, ☐   **C** deshalb koche ich immer viel Gemüse.

4 In meinem Kühlschrank gibt es nur gesunde Produkte, ☐   **D** denn sie enthalten zu viel Zucker.

5 Man sollte viel Sport treiben und gesund essen, ☐   **E** denn ich kaufe vor allem im Bio-Laden ein.

6 In der Schule gibt es nur zwei Stunden Sportunterricht, ☐   **F** – die Gerichte enthalten zu viel Zucker.

7 Wir trinken keine Softdrinks, ☐   **G** aber es sollte mehr geben.

8 Ich esse selten im Fast-Food-Restaurant ☐   **H** um fit zu bleiben.

2.1 Self, family, pets, personal relationships (1)

Einsteigen

1 Welche Buchstaben fehlen? Schreiben Sie die fehlenden Buchstaben in die Lücken. Achten Sie dabei auf die Groß- und Kleinschreibung.

1 K __ t __ e   **3** Schi __ d __ rö __ e   **5** Vo __ el   **7** M __ us

2 Hun __   **4** K __n __ nc __ en   **6** __ chlan __ e   **8** Me __ rsch __ ein __ hen

2 Was passt zusammen? Schreiben Sie den richtigen Buchstaben in jedes Kästchen.

1 Haus- ☐   **5** Traum- ☐   **A** mitglieder   **E** vater

2 Wellen- ☐   **6** Zwillings- ☐   **B** tier   **F** sittich

3 Gold- ☐   **7** Familien- ☐   **C** fisch   **G** familie

4 Groß- ☐   **8** Meer- ☐   **D** bruder   **H** schweinchen

3 Schreiben Sie die Sätze aus. Achten Sie auf die Groß- und Kleinschreibung.

1 ichhabekeinehaustiere.

....

2 meingroßvaterhatzweischlangen.

....

3 deinhaustieristsüß.

....

4 meinmeerschweinchenheißtmartin.

....

5 wievielehaustierehastdu?

....

6 mitwemwohnstduzusammen?

....

7 wiealtistdeinhund?

....

8 hastdugeschwister?

....

2.1 Self, family, pets, personal relationships (2)

Abfliegen

1 Ordnen Sie die Wörter in die richtige Kategorie ein.

Körper	Haare	Eigenschaft
		z. B. freundlich

mittelgroß	geschwätzig
lockig	Schnurrbart
glatt	weiß
schlank	braun

2 Schreiben Sie das richtige Wort in die jeweilige Lücke.

1 Du hast jetzt so .... Haare!

2 Mein Vater hat schon eine ....

3 Meine Zwillingsschwester hat große, ... Augen.

blaue	Glatze
aus	ziemlich
Schnurrbart	alt
lockige	gute

4 Meine Großmutter ist .... dünn.

5 Der .... meines Onkels ist sehr lang.

6 Mein Bruder sieht wie mein Vater ....

7 Das Haustier meines Freundes ist schon ....

8 .... Freunde sind sehr wichtig!

3 Lösen Sie das Kreuzworträtsel.

Vertikal

1 Das Gegenteil von lockig

3 Auf seiner Nase sitzt eine ...

5 Seine ... sind ziemlich klein

Horizontal

2 Er hat blonde ...

4 Sein Vater trägt einen ...

6 Nicht sehr groß

7 Keine Haare auf dem Kopf

8 Er war dick, aber jetzt ist er ...

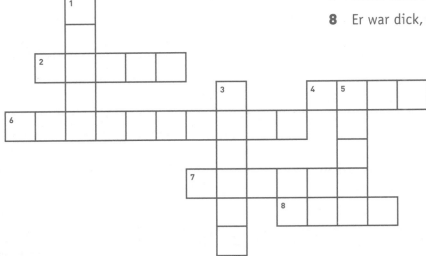

2.1 Self, family, pets, personal relationships (3)

1 Ordnen Sie die Wörter in die richtige Kategorie ein.

frech	selbstsüchtig	verständnisvoll	faul
unartig	klug	verwöhnt	ehrlich

Positiv	Negativ

2 Was passt zusammen? Schreiben Sie den richtigen Buchstaben in jedes Kästchen.

1	keinen Respekt zeigen	☐	**A**	sympathisch
2	viel Respekt zeigen	☐	**B**	klug
3	ein netter Mensch	☐	**C**	frech
4	eine intelligente Person	☐	**D**	höflich
5	die Wahrheit sagen	☐	**E**	laut
6	wenn man nicht leise ist	☐	**F**	verständnislos
7	wenn man wütend ist	☐	**G**	ehrlich
8	jemand, der nicht versteht	☐	**H**	ärgerlich

3 Schreiben Sie das richtige Wort in die jeweilige Lücke. Vorsicht! Es sind mehr Wörter aufgeführt, als Sie brauchen.

1 Andrea ist gern alleine, aber Sandra ist ....

2 Oliver spielt Federball und er klettert gern, aber sein kleiner Bruder ist ....

3 Sandro ist sehr .... , aber sein größerer Bruder ist fleißig.

4 Ich bin sehr geschwätzig, aber meine Zwillingsschwester ist eher ....

5 Mein Großvater hat keinen Humor, aber meine Großmutter ist ....

nett
angenehm
klug
gesellig
faul
schüchtern
unsportlich
ärgerlich
lustig

2.1 Self, family, pets, personal relationships (4)

Unterwegs

1 Was passt zusammen? Schreiben Sie den richtigen Buchstaben in jedes Kästchen.

1	Haus-	☐	**5**	Feier-	☐	**A**	leben	**E**	abend
2	Beziehungs-	☐	**6**	Vor-	☐	**B**	geld	**F**	bereit
3	Taschen-	☐	**7**	un-	☐	**C**	probleme	**G**	nötig
4	Familien-	☐	**8**	hilfs-	☐	**D**	bild	**H**	arbeit

2 Welches Fragewort passt am besten? Schreiben Sie das richtige Wort in die Lücke.

1 .... streitest du mit deinen Freunden?

2 .... redest du wenig mit deinem älteren Bruder?

3 .... für eine Beziehung hast du zu deiner Schwester?

4 .... Pläne hat deine Familie am Wochenende?

5 .... ist dein Vorbild?

Welche	**Wie**
Wieso	**Wer**
Was	**Wie lange**
Worüber	**Wann**

6 .... gut verstehst du dich mit deinen Geschwistern?

7 .... verbringst du Zeit mit deinen Großeltern?

8 .... kennst du deine beste Freundin schon?

3 Welche Buchstaben fehlen? Schreiben Sie die fehlenden Buchstaben in die Lücken, um die Sätze zu vervollständigen.

1 Z __ w __ m in deine __ Famil __ e h __ st __ u e __ ne en __ e Be __ ie __ ung?

2 Me __ ne E __ ter __ unt __ rstü __ zen m __ ch.

3 Mein __ Gro __ elte __ n si __ d se __ r g __ te V __ rbil __ er.

4 I __ h ha __ e me __ r Fre __ hei __ en als me __ n __ F __ eun __ e.

5 __ u H __ u __ e gi __ t es of __ K __ ach.

6 Mein __ Be __ ieh __ ng zu m __ ine __ Br __ de __ __ st g __ t.

2.2 Life at home (1)

Einsteigen

1 Ordnen Sie die Sätze chronologisch.

A Um sieben Uhr fünfundfünfzig verlasse ich das Haus. ....

B Ich frühstücke um sieben Uhr zwanzig. ....

C Ich putze mir um sieben Uhr vierzig die Zähne. ....

D Ich stehe um sechs Uhr fünfzehn auf. ....

E Um sechs Uhr fünfzig dusche ich mich. ....

2 Welche Satzhälften passen zusammen? Schreiben Sie den richtigen Buchstaben in jedes Kästchen.

1 Ich wasche mir		**A** jeden Tag am Küchentisch.
2 Thomas wacht jeden Tag		**B** klingelt um 5.50 Uhr.
3 Sandra putzt sich		**C** zu duschen.
4 Ich ziehe mich		**D** um 6 Uhr auf.
5 Mein Bruder rasiert		**E** sich jeden Morgen.
6 Hanno frühstückt		**F** nach dem Frühstück die Zähne.
7 Mein Wecker		**G** jeden Tag die Haare.
8 Ich habe keine Zeit		**H** nach dem Duschen an.

3 Schreiben Sie die Sätze aus. Achten Sie auf die Groß- und Kleinschreibung.

1 wannstehstduauf?

2 umwievieluhrfrühstückstdu?

....

3 ichgehenachdemduschennachoben.

....

4 woistdasshampoo?

....

5 ichziehemeineuniforman.

....

6 putztdudirjedentagdiezähne?

....

7 meinweckerklingeltumsiebenuhr.

....

8 wasmachstduaneinemtypischentag?

....

2.2 Life at home (2)

Abfliegen

1 Ordnen Sie die Wörter in die richtige Kategorie ein.

| Tischdecke | Handtücher | Gläser | Kissen |
| Kochtöpfe | Teller | Laken | |

In den Geschirrspüler einräumen	In die Waschmaschine geben

2 Schreiben Sie das richtige Wort in die jeweilige Lücke.

1 Ich muss noch den .... leeren.

2 Andrea, ... du jetzt bitte dein Zimmer auf?

3 Bezieht ihr bitte eure .... ?

4 Mach doch bitte das .... sauber.

5 Ich .... jeden Tag den Tisch.

räumst
gebügelt
decke
Bad
Betten
saugen
abgewaschen
Mülleimer

6 Kannst du heute bitte Staub .... ?

7 Hast du gestern dein Hemd .... ?

8 Nach der Party haben Andreas und ich noch ....

3 Was passt zusammen? Schreiben Sie den richtigen Buchstaben in jedes Kästchen.

1	die Kleidung mit einem Gerät glatt machen	☐	**A** das Badezimmer sauber machen
2	aufräumen, Staub saugen, das Bett machen usw.	☐	**B** bügeln
3	den Tisch für das Essen vorbereiten	☐	**C** Geschirr abwaschen
4	Das macht man im Spülbecken.	☐	**D** decken
5	im Zimmer Ordnung machen	☐	**E** den Mülleimer leeren
6	Man macht es, wenn die Wohnung schmutzig ist.	☐	**F** aufräumen
7	den Abfall hinaustragen	☐	**G** putzen
8	die Toilette und das Waschbecken reinigen	☐	**H** die Hausarbeit machen

2.2 Life at home (3)

Unterwegs

1 Welches Wort passt nicht? Kreisen Sie das Wort ein.

1 Großeltern   Erwachsene   Kinder   Ältere

2 aufräumen   verdienen   bügeln   kochen

3 Teilzeitjob   Schreibtischarbeit   berufstätig   Hausarbeit

4 häufig   selten   manchmal   ab und zu

5 die meisten   wenige   mehr als 50 %   die Mehrheit

2 Welche Satzhälften passen zusammen? Schreiben Sie den richtigen Buchstaben in jedes Kästchen.

1	Ich mache die Hausarbeit,	☐	**A** wenn er voll ist.
2	Meine Geschwister decken den Tisch	☐	**B** weil meine Eltern berufstätig sind.
3	Ich leere den Mülleimer,	☐	**C** wenn mein Vater kocht.
4	Bevor wir das Haus verlassen,	☐	**D** weil er mein Haustier ist.
5	Ich bügle nur,	☐	**E** weil ich sie anstrengend finde.
6	Ich füttere meinen Hund Arno,	☐	**F** machen wir Kinder unsere Betten.
7	Meine Großeltern helfen bei der Hausarbeit,	☐	**G** weil sie nicht mehr berufstätig sind.
8	Ich mache die Hausarbeit nicht gern,	☐	**H** wenn ich keine gebügelte Kleidung mehr habe.

3 Ordnen Sie die Wörter in jedem Satz richtig an.

1 du Eltern deinen Musst helfen oft?

....

2 bei der Jürgen seinem Bruder älteren hilft Hausarbeit.

....

3 muss Ich kleine meine auf oft aufpassen Schwester.

....

4 zu Hause Leute junge Sollen helfen?

....

5 für die Hausarbeit Ich bekomme Geld kein.

....

6 sein Ich Bett meinem Bruder zu machen helfe.

....

7 geholfen Meine mir Schwester gestern Hausarbeit bei der hat.

....

8 Das sind Badezimmer die und Küche jetzt sauber.

....

2.3 Leisure, entertainments, invitations (1)

Einsteigen

1 Welche Buchstaben fehlen? Schreiben Sie die fehlenden Buchstaben in die Lücken, um die Sätze zu vervollständigen.

1 Ich spiele gern T __ s __ hte __ ni __ .

2 Wir gehen gern ins J __ ge __ dz __ ntr __ m.

3 Meine Freunde gehen gern ei __ ka __ f __ n.

4 Mein Vater und seine Freunde gehen oft __ n __ e __ n.

5 Mein Bruder geht gern __ e __ te __ .

6 Ich gehe einmal pro Monat __ ch __ im __ en.

7 Silke geht sehr gern ins K __ n __ .

8 Meine Freunde und ich treffen uns in der S __ a __ tm __ t __ e.

2 Ordnen Sie die Ausdrücke nach Häufigkeit.

zweimal pro Woche	fast nie	selten	manchmal	jeden Samstag

nie.. *jeden Tag*

3 Was passt zusammen? Finden Sie die richtige Antwort (A–G) auf die jeweilige Frage (1–7). Schreiben Sie den richtigen Buchstaben in jedes Kästchen.

1 Was machst du gern in deiner Freizeit? ☐   **A** Ich sehe sie im Jugendzentrum.

2 Wo triffst du deine Freunde? ☐   **B** Ich habe Tischtennis gespielt.

3 Welchen Sport machst du nie? ☐   **C** Ich treffe mich gern mit meinen Freunden.

4 Was machst du oft? ☐   **D** Im Internet – die Produkte sind oft billiger.

5 Was hast du letzte Woche gemacht? ☐   **E** Schwimmen – ich schwimme nicht gern.

6 Wo kaufst du gern ein? ☐   **F** Selten.

7 Wie oft gehst du ins Kino? ☐   **G** Ich fahre jeden Tag Rad.

2.3 Leisure, entertainments, invitations (2)

Abfliegen

1 Welche Buchstaben fehlen? Schreiben Sie die fehlenden Buchstaben in die Lücken, um die Sätze zu vervollständigen.

1 Ich we __ de mich heu __ e mi __ Niko t __ ef __ en.

2 Wir __ erde __ ei __ e P __ z __ a b __ stell __ n.

3 Woh __ n geh __ t du g __ rn in d __ in __ r Fr __ iz __ it?

4 S __ e w __ rden b __ s M __ ttern __ cht f __ i __ rn.

5 Andres w __ rd h __ ute Ab __ nd __ eine T __ nte bes __ ch __ n.

6 Wie vi __ l Geld k __ nn __ n w __ r fü __ d __ e Part __ a __ sgeb __ n?

7 Ich l __ de dic __ zu m __ iner Geb __ rtst __ gsfei __ r e __ n.

2 Schreiben Sie jeweils den richtigen Satz (A–D) in die Lücken, um die SMS zu vervollständigen.

A Falls ja, komm doch am Freitagnachmittag zu mir. Ich möchte einen Schokokuchen machen!

B Sag einfach Bescheid!

C Könntest du mit ihr kommen? Du kennst den Weg – sie war noch nie bei mir.

D Kannst du ein paar Getränke mitbringen?

Hallo Samira!

Am Samstag ist es so weit – meine Geburtstagsfeier findet statt! Das wird lustig! Ich habe eine Bitte:

1 ....

Wir werden im Garten grillen, wenn das Wetter schön ist. Wenn es regnet, werden wir in der

Wohnung feiern. Marion möchte auch dabei sein.

2 ....

Das Essen besorge ich. Möchtest du vielleicht den Kuchen mit mir backen?

3 ....

Wenn du keine Zeit hast, dann ist das kein Problem.

4 ....

3 Lösen Sie das Kreuzworträtsel.

Vertikal

2 Den Geburtstag …

3 Um 12 Uhr nachts

4 Mein Lieblingshobby ist Freunde …

6 Fische fangen

Horizontal

1 Mein Hobby ist Schlittschuh …

5 Ein Treffen organisieren

7 Ort, an dem man Kaffee und Kuchen bekommt

8 Dort kann man Schlittschuh laufen

2.3 Leisure, entertainments, invitations (3)

Unterwegs

1 Finden Sie die acht versteckten Wörter.

E	Z	I	C	A	E	B	E	I	I	D	A	K	O	D
I	Y	H	L	N	I	D	K	F	C	T	G	R	A	T
K	Q	G	G	G	G	E	S	C	H	I	M	P	F	T
R	D	E	I	E	R	K	U	L	T	E	T	P	G	S
N	A	S	E	Z	X	F	C	G	M	I	T	E	E	H
E	N	T	B	O	R	A	S	G	T	Ü	E	R	N	J
H	O	R	B	G	I	N	I	E	R	I	N	T	N	P
E	V	I	F	E	Y	F	R	S	D	Z	G	E	E	I
S	L	T	C	N	T	I	D	E	R	O	E	I	H	S
E	S	T	U	F	O	J	B	H	I	V	R	L	C	S
G	S	E	N	E	M	A	K	E	D	E	E	E	O	T
N	L	N	D	U	I	G	W	N	G	A	G	I	R	R
R	F	E	R	E	F	Ü	M	O	R	T	I	P	B	A
E	S	T	U	E	R	F	E	G	Q	X	V	O	E	R
F	K	N	E	Z	D	E	M	H	C	S	Z	Y	G	D

GESEHEN

GEFREUT

GEBROCHEN

GESCHIMPFT

GESTRITTEN

ANGEZOGEN

FERNGESEHEN

GEREGNET

2 Ordnen Sie die Wörter in jedem Satz richtig an. Beginnen Sie immer mit dem ersten Wort.

1 Gestern wir sind gegangen spazieren lange.

....

2 Ich geklettert Wochenende zum ersten Mal letztes bin.

....

3 Die lustig Komödie war gelacht wir viel haben.

....

4 In der mitgesungen Disco wir lauthals haben.

....

5 In den Freunde organisiert haben Ferien meine viel.

....

6 Meine gegeben Freundin beste ein mir hat Geschenk.

....

Cambridge IGCSE™ German Vocabulary Workbook

7 Meine gebacken hat Kuchen einen Großmutter guten.

....

8 Der hat sehr gefallen mir gut Film.

....

3 Schreiben Sie das richtige Wort in die jeweilige Lücke.

1 Wie viel hat der Eintritt .... ?

2 Wie viel hast du für das Kleid .... ?

3 Hat die Party Spaß .... ?

4 Hast du auf der Party viel Spaß .... ?

5 Anna hat sich beim Tennisspielen ....

6 Nach dem Konzert hat mir der Hals weh ....

7 Was ist gestern vor der Party .... ?

8 Was hat er über das Konzert .... ?

gemacht
verletzt
getan
bezahlt
passiert
gehabt
erzählt
gekostet

2.4 Eating out (1)

Einsteigen

1 Welche Buchstaben fehlen? Schreiben Sie die fehlenden Buchstaben in die Lücken. Achten Sie dabei auf die Groß- und Kleinschreibung.

1 Sch __ k __ l __ d __ nm __ lc __ sh __ k __

2 K __ rt __ ff __ ls __ l __ t

3 __ r __ ng __ ns __ ft

4 C __ rr __ w __ rst

5 S __ hn__tz__l

6 P __ mm __ s

7 Br __ tw __ r __ t

8 S __ nf

9 L __ m __ n __ d __

10 S __ hn __

2 Was passt zusammen? Schreiben Sie den richtigen Buchstaben in jedes Kästchen.

1 eine Portion ☐   **4** eine Kugel ☐   **A** Eis   **D** Pommes

2 eine Flasche ☐   **5** Pommes ☐   **B** Tomaten   **E** Mineralwasser

3 eine Dose ☐   **C** Kartoffelsalat **F** ohne Mayo

3 Schreiben Sie die Sätze aus. Achten Sie auf die Groß- und Kleinschreibung.

1 ichhättegerneinenkaffee.

....

2 ichmöchteeinebratwurstmitsenf.

....

3 habensiewarmespeisen?

....

4 daskostetviereurodreißig.

....

5 wasmöchtestdu?

....

6 einmaldönerfürmich.

....

7 ichmöchtehähnchenmitknoblauchsauce.

....

8 ichhättegerneinekugeleis.

....

2.4 Eating out (2)

1 Wie lauten die verdrehten Partizipien? Ordnen Sie die Buchstaben.

   1 Als Vorspeise habe ich eine Suppe **geesegsn**. ....

   2 Was hast du zum Essen **gkeutrnen**? ....

   3 Wir waren satt, wir haben einen Eisbecher **geitlet**. ....

   4 Ich habe das Glas **zbehrocren**. ....

   5 Nach der Vorspeise habe ich ein Schnitzel **betetsll**. ....

   6 Ich habe den Reis nicht **prboerit**. ....

   7 Ich habe das Restaurant nicht **gedfuenn**. ....

   8 Hast du das Problem **geöslt**? ....

2 Lösen Sie das Kreuzworträtsel.

Vertikal

   1 Ich habe eine Cola ...

   3 Damit schneidet man

   5 Man isst von einem ...

Horizontal

2 Nach dem Essen bezahlt man im Restaurant die …

4 Vorspeise, Hauptspeise und …

6 Kalte Nachspeise

7 Er arbeitet in einem Restaurant

8 Zu der Suppe isst man oft …

3 Ordnen Sie die Sätze chronologisch.

A Andrea und ich sind essen gegangen. ....

B Schön, wo habt ihr gegessen? ....

C Ja, ich habe als Hauptspeise ein Schnitzel mit Pommes bestellt. ....

D Was hast du gestern gemacht? ....

E Im italienischen Restaurant am Domplatz. ....

F Hast du etwas Leckeres bestellt? ....

G Toll! Ich habe gehört, dass die Nachspeisen dort so lecker sind. ....

H Ja, richtig! Als Dessert habe ich Tiramisu gegessen. ....

2.4 Eating out (3)

Unterwegs

1 Welches Wort passt nicht? Kreisen Sie das Wort ein.

1 schmackhaft   lecker   köstlich   schlecht

2 Speisen   Gerichte   Forelle   Mahlzeit

3 mild   würzig   scharf   warm

4 enttäuscht   beliebt   berühmt   gut besucht

5 deftig   leicht   herzhaft   fettig

2 Was passt zusammen? Schreiben Sie den richtigen Buchstaben in jedes Kästchen.

1 Die Person, die das Essen bringt. ☐   **A** authentisches Essen

2 viele verschiedene Möglichkeiten ☐   **B** Zutaten

3 So, wie es im Herkunftsland normalerweise gekocht wird. ☐   **C** Bedienung

4 Etwas sehr gern essen, weil es gut ist. ☐   **D** der Nahe Osten

5 etwas zum ersten Mal essen ☐   **E** eine gute Stimmung

6 Die Atmosphäre ist angenehm. ☐   **F** neues Essen probieren

7 die arabischen Staaten in Vorderasien, Israel, Ägypten, die Türkei und der Iran ☐   **G** eine große Auswahl

8 Das, was man für Speisen verwendet. ☐   **H** das Essen genießen

3 Ordnen Sie die Wörter in jedem Nebensatz richtig an.

1 Ich mag Rindfleisch, **sehr | es | wenn | zart | ist**.

....

2 Ich weiß nicht, **probieren | Insekten | ich | würde | ob**.

....

3 Ich liebe die Gerichte meiner Oma, **sie | kann | lecker | so | weil | kochen**.

....

4 Mein Vater kocht oft, **wir | nach | Hause | kommen | bevor**.

....

5 Ich bin satt, **so | viele | weil | ich | habe | gegessen | Pommes**.

....

6 Meine Schwester mag keine japanischen Gerichte, **kommen | unsere | aus | obwohl | Eltern | Japan**.

....

7 Meine Mutter isst Gerichte nur, **wenn | scharf | sie | nicht | sind | sondern | sehr | mild**.

....

8 Meine Familie hat oft in Restaurants gegessen, **ein | als | kleines | ich | war | Kind**.

....

2.5 Special occasions (1)

Einsteigen

1 Wie heißt das Fest? Ordnen Sie die Buchstaben.

1 Gebuatrstg	**5** Niatoetalfneriag ....
2 Whehiancten	**6** Hzohceti ....
3 Svilteesr	**7** Veattarg ....
4 Otsenr	**8** Schulbsschafluseier ....

2 Welche Satzhälften passen zusammen? Schreiben Sie den richtigen Buchstaben in jedes Kästchen.

1 Am ersten ersten	☐	**A** am dritten Februar Geburtstag.
2 Weihnachten ist	☐	**B** unsere Abifeier!
3 Der Valentinstag ist im Februar,	☐	**C** nämlich am vierzehnten zweiten.
4 Mein Bruder heiratet im Sommer,	☐	**D** und zwar am elften achten.
5 Der Nationalfeiertag in Deutschland ist im Oktober,	☐	**E** am zwölften fünften ist die Hochzeit.
6 Am zweiten Juni ist	☐	**F** nämlich am dritten zehnten.
7 Meine Schwester heiratet im Mai,	☐	**G** feiern wir Neujahr.
8 Andreas hat	☐	**H** immer im Dezember.

3 Was passt zusammen? Finden Sie die richtige Antwort (A–H) auf die jeweilige Frage (1–8). Schreiben Sie den richtigen Buchstaben in jedes Kästchen.

1 Was machst du an deinem Geburtstag?	☐	**A** Genau, am vierundzwanzigsten Dezember.
2 Wann machst du deine große Party?	☐	**B** Ich organisiere eine Party.
3 Du hast zu Weihnachten Geburtstag, nicht?	☐	**C** Diesen Samstag.
4 Was machst du zu Ostern?	☐	**D** Nichts. Wir feiern es nicht.
5 Magst du Silvester?	☐	**E** Bei meiner Schwester – sie heiratet.
6 Wo bist du am Wochenende?	☐	**F** Ja, sehr, besonders die Feuerwerke.
7 Wie findest du den Valentinstag?	☐	**G** Der Nationalfeiertag.
8 Welcher Tag ist für dich wichtig?	☐	**H** Ich mag ihn nicht, ich bin nicht romantisch.

2.5 Special occasions (2)

Abfliegen

1 Was passt zusammen? Schreiben Sie den richtigen Buchstaben in jedes Kästchen.

1 Party-	☐	**5** Tomaten-	☐	**A** salat	**E** vorbereitungen
2 Grill-	☐	**6** Play-	☐	**B** gestern	**F** schrank
3 Kühl-	☐	**7** vor-	☐	**C** stellen	**G** strudel
4 Apfel-	☐	**8** kühl-	☐	**D** liste	**H** fest

2 Schreiben Sie das richtige Partizip in die Lücke. Vorsicht! Es sind mehr Partizipien aufgeführt, als Sie brauchen.

1 Ich habe viele Freunde zu meiner Party ....

2 Ich habe sicher genug Getränke ....

3 Die Kosten haben meine Eltern ....

4 Auf der Party haben wir viel miteinander ....

5 Es war sehr lustig und wir haben über Toms Witze ....

6 Meine Schwester hat mir bei der Vorbereitung nicht ....

7 Mein Bruder hat die neue Dekoration ....

8 Meine Mutter hat sogar eine Geburtstagstorte ....

gekauft
geplaudert
eingeladen
gesucht
geholfen
aufgehängt
übernommen
gehört
gebacken
gelacht

3 Finden Sie die acht versteckten Partizipien.

E	N	G	D	S	S	V	A	N	N	G
I	R	E	G	E	S	O	R	G	T	E
T	A	D	I	B	T	R	O	E	L	M
L	U	A	U	T	F	B	L	F	A	I
H	U	U	A	P	U	E	N	U	L	E
A	G	E	S	E	A	R	N	N	S	T
Z	U	R	R	T	K	E	N	D	A	E
E	L	T	F	I	E	I	S	E	C	T
B	E	A	N	T	G	T	O	N	E	E
K	O	M	P	L	I	E	I	E	R	T
C	G	E	K	O	S	T	E	T	S	G

VORBEREITET
GESORGT
BEZAHLT
GEDAUERT
GEMIETET
GEFUNDEN
GEKOSTET
GEKAUFT

2.5 Special occasions (3)

Unterwegs

1 Was passt zusammen? Schreiben Sie den richtigen Buchstaben in jedes Kästchen.

1 Rat- ☐	**5** Kindheits- ☐	**A** wochen	**E** ziel
2 Braut- ☐	**6** Reise- ☐	**B** paar	**F** stunden
3 Tanz- ☐	**7** Korallen- ☐	**C** haus	**G** torte
4 Flitter- ☐	**8** Hochzeits- ☐	**D** traum	**H** riffe

....

2 Wie lauten die Nomen und ihre Artikel zu den unten aufgeführten Wörtern (1–8)?

Beispiel: freundlich **die Freundlichkeit**

1 heiraten ....

5 träumen ....

2 austauschen ....

6 feiern ....

3 dekorieren ....

7 zusammenhalten ....

4 anwesend ....

8 tanzen ....

3 Welche Wörter passen?

1 Alle Gäste auf der Hochzeit .... schick angezogen und haben über die

.... gelacht. *gaben   waren   Rede   Blumen*

2 Das Brautpaar .... die Ringe aus und hatte .... in den Augen.

änderte   tauschte   Trauben   Tränen

3 Nach der Zeremonie gab es kleine .... und leckere ....

Häppchen   Käppchen   Schränke   Getränke

4 Es waren zweihundert Gäste .... und alle fanden die Hochzeitstorte

....

abwesend   anwesend   beeindruckend   anstrengend

5 Die .... der Männer waren sehr elegant und die .... der

Frauen auch. *Aufzüge   Anzüge   Parfüms   Kostüme*

2.6 Going on holiday (1)

Einsteigen

1 Wie lauten die unten aufgeführten Wörter? Ordnen Sie die Buchstaben. Achten Sie dabei auf die Groß- und Kleinschreibung.

1 dsrtna ....

5 svuneoir ....

2 umesmu ....

6 ceapmn ....

3 zoenkrt ....

7 mseorm ....

4 lxusthuoel ....

8 emer ....

2 Was passt zusammen? Schreiben Sie den richtigen Buchstaben in jedes Kästchen.

1 Städte-	☐	**5** Ferien-	☐	**A** urlaub		**E** herberge	
2 Strand-	☐	**6** über-	☐	**B** haus		**F** kunft	
3 Camping-	☐	**7** Flug-	☐	**C** platz		**G** zeug	
4 Jugend-	☐	**8** Unter-	☐	**D** reisen		**H** nachten	

3 Was passt zusammen? Schreiben Sie den richtigen Buchstaben in jedes Kästchen.

1 Dort steht der Eiffelturm. ☐   **A** Städtereise

2 ein Meer im Nordosten von Deutschland ☐   **B** Ostsee

3 Ich fahre dieses Jahr nach Berlin, München, Paris und Amsterdam. ☐   **C** New York

4 Ich fliege damit. ☐   **D** Luxushotel

5 Es hat vier oder fünf Sterne. ☐   **E** Flugzeug

6 Dort schlafe ich in der Natur im Zelt. ☐   **F** Paris

7 Ich liege gern im Sand, das sind meine idealen Ferien. ☐   **G** Campingplatz

8 Dort steht die Freiheitsstatue. ☐   **H** Strandurlaub

2.6 Going on holiday (2)

Abfliegen

1 Schreiben Sie das richtige Präfix in die Lücke.

ab	ge
an	vor
hin	zu
ab	über

1 Ich bin gestern ....gefallen.

2 Das Flugzeug ist verspätet ....geflogen.

3 Wann bist du ....gekommen?

4 Hast du ihn nicht ....sehen?

5 Der Zug ist schon ....gefahren.

6 Hast du mir nicht ....gehört?

7 Ich habe mich auf die Stunde ....bereitet.

8 Ich habe bei Sandra ....nachtet.

2 Wie lauten die verdrehten Wörter? Ordnen Sie die Buchstaben.

1 Alina hat ihre Verwandten **beushct**. ....

2 In den Ferien ist sie in die Disco **genagegn**. ....

3 Im Urlaub hat Alina ihren Pass **vlroreen**. ....

4 Das Hotel war sehr **gsntüig**. ....

5 Alina ist im Urlaub sehr spät **aunfestgaden**. ....

6 Wo bist du im Sommer **hhinefgaren**? ....

7 Wo habt ihr **üearncbhtet**? ....

8 Bist du dieses Jahr ans Meer **rhgeaefn**? ....

3 Lösen Sie das Kreuzworträtsel.

Horizontal

2 Wenn ich wegfahre, mache ich eine ...

3 Dort kann man wandern

5 Anderes Wort für See

7 Deutschsprachiges Land neben der Schweiz und Deutschland

8 Dort übernachtet man im Urlaub

Vertikal

1 Mit dem Flugzeug ...

4 Leute aus Griechenland

6 Am Strand in der Sonne liegen: sich ...

2.6 Going on holiday (3)

Unterwegs

1 Was passt zusammen? Schreiben Sie den richtigen Buchstaben in jedes Kästchen.

1 berühmte ☐	**5** verspätete ☐	**A** übernachten	**E** Ankunft
2 in ein anderes Land ☐	**6** eine lange ☐	**B** buchen	**F** reisen
3 einen Flug ☐	**7** auf dem Campingplatz ☐	**C** Zugfahrt	**G** kennenlernen
4 einen Reiseführer ☐	**8** Leute ☐	**D** lesen	**H** Sehenswürdigkeiten

2 Welche Satzhälften passen zusammen? Schreiben Sie den richtigen Buchstaben in jedes Kästchen.

1 Ich bevorzuge ein Hotel, ☐   **A** weil ich die Hauptstadt von Österreich sehen möchte.

2 Obwohl ich kein Geld habe, ☐   **B** dass du mich vom Flughafen abholst.

3 Thomas hält immer Kontakt zu Leuten, ☐   **C** ist das kein Problem.

4 Ich möchte, ☐   **D** die er auf seinen Reisen kennenlernt.

5 Wenn die Reise länger dauert, ☐   **E** möchte ich in Urlaub fahren.

6 Ich fahre nach Wien, ☐   **F** hat es oft geregnet.

7 Als ich in London war, ☐   **G** wo es viel zu sehen gibt.

8 Ich fahre im Urlaub in Großstädte, ☐   **H** weil es bequem ist.

3 Schreiben Sie das richtige Wort in die jeweilige Lücke. Vorsicht! Es sind mehr Wörter aufgeführt, als Sie brauchen.

1 Ich freue mich auf die .... Reise.

2 Ich bin im .... Meer geschwommen.

3 Ich habe mich gut auf die Reise ....

4 Die Reise kostet .... Geld.

5 Chinesisches Essen .... in China besser als in Deutschland.

6 Hast du schon einen Zeltplatz .... ?

7 Möchtest du im Urlaub .... gehen?

8 Gibt es schöne .... in Frankfurt?

tauchen
vorbereitet
schmeckt
sauberen
billig
gesehen
Gebäude
bevorstehende
Camping
viel

2.7 Family and friends abroad (1)

Einsteigen

1 Nationalität oder Land? Ordnen Sie die Wörter in die richtige Kategorie ein.

Türke	Polin	Jordanien	Spanier	Österreich	Italiener	Franzosen	Indien

Nationalität	Land

2 Welches Verb passt? Schreiben Sie das richtige Wort in die jeweilige Lücke.

1 Ich .... mithilfe einer App mit meiner Tante in Australien.

2 Du musst das Dokument ....

3 .... du heute Oma über Skype an?

4 Ich komme etwas später – kannst du Klaus eine SMS .... ?

5 .... du mir bitte die Fotos, die du gemacht hast?

6 Ich .... Videos für meine Freunde auf.

7 Ich .... nie Fotos von meiner Schwester.

8 Warum kann ich mich nicht .... ?

downloaden
nehme
schicken
rufst
bekomme
sendest
einloggen
chatte

3 Schreiben Sie die Sätze aus. Achten Sie auf die Groß- und Kleinschreibung.

1 ichhabediefotosgesternheruntergeladen.

2 ichwerdedirdenlinksenden.

....

3 hastdudiefotosschongesehen?

....

4 wiekommunizierstdumitdeinenfreunden?

....

5 meinvideokanalistnichtöffentlich.

....

6 meineschwesterschicktfotospere-mail.

....

2.7 Family and friends abroad (2)

Abfliegen

1 Welches Wort passt?

1 Hallo Frau Krause, wie geht es .... ? *dir   Ihnen*

2 Hallo, ich bin Tobias, und wie heißt .... ? *Sie   du*

3 Herr Klein, es war schön .... kennenzulernen. *Sie   Ihnen*

4 Andres, wir können uns gern .... Ich bin Horst. *siezen   duzen*

5 Sabine, ich wünsche .... eine gute Reise! *dir   Ihnen*

6 Lieber Jakob, ich habe .... zum letzten Mal gesehen, als du ein Baby warst.

Sie   dich

2 Schreiben Sie den richtigen Satz (A–D) in die jeweilige Lücke, um das Gespräch zu vervollständigen.

A Na, das Gepäck muss ins Zimmer, aber er kommt gleich.

B Gerne. Du bist ja ein richtig großes Mädchen, mein Schatz! Wollt ihr auch etwas essen?

C Ja sicher, was darf ich euch bringen?

D Wir sind etwas müde, aber sonst sehr gut, danke. Kommt rein! Wie war die Reise?

Hallo Oma! Es ist so schön, dich wiederzusehen! Wie geht's dir?   **1**   ....

Alles hat gut geklappt, aber sechs Stunden mit dem Zug sind schon sehr lang. Hast du vielleicht etwas zu

trinken?   **2**   ....

Wasser bitte, auch für Sandra.   **3**   ....

Wir waren im Bord-Restaurant, deshalb sind wir nicht hungrig. Wo ist denn Opa jetzt?   **4**   ....

3 Finden Sie die acht versteckten Wörter.

E	K	E	N	N	E	N	L	E	R	N	E	N	O	D
I	Y	H	L	N	I	D	K	F	C	T	G	N	A	T
K	Q	G	L	I	E	B	L	I	N	G	M	E	F	T
R	E	E	I	E	R	K	U	L	T	E	T	M	G	S
N	A	V	E	Z	X	F	C	G	M	I	T	M	E	H
E	N	O	B	K	C	Ä	P	E	G	N	E	O	N	S
H	O	R	B	G	I	N	I	E	R	E	N	K	S	C
E	V	S	F	E	Y	F	B	S	D	H	G	L	E	H
S	L	T	C	N	T	I	E	E	R	C	E	L	H	A
E	S	E	U	F	O	J	G	H	I	U	R	I	C	T
G	S	L	N	E	M	A	R	E	D	S	E	W	Ü	Z
N	L	L	U	D	I	G	Ü	N	G	E	G	I	R	R
R	F	E	R	E	F	Ü	SS	O	R	B	I	P	B	A
E	S	N	U	E	R	F	E	G	Q	X	V	O	E	R
F	K	N	E	Z	D	E	N	H	C	S	Z	Y	G	D

BEGRÜSSEN

VORSTELLEN

WILLKOMMEN

LIEBLING

GEPÄCK

KENNENLERNEN

SCHATZ

BESUCHEN

2.7 Family and friends abroad (3)

Unterwegs

1 Was passt zusammen? Schreiben Sie den richtigen Buchstaben in jedes Kästchen.

1	Sehenswürdigkeiten	☐	**5**	Anekdoten	☐	**A** ziehen	**E** erzählen
2	ein herzhaftes	☐	**6**	Andenken	☐	**B** austauschen	**F** kaufen
3	in ein anderes Land	☐	**7**	Erinnerungen	☐	**C** machen	**G** haben
4	einen Ausflug	☐	**8**	keine Beziehung zu den Verwandten	☐	**D** Abendessen	**H** besichtigen

2 Schreiben Sie das richtige Wort in die jeweilige Lücke. Achten Sie auf die Groß- und Kleinschreibung.

1 Was .... es im Kino zu sehen?

2 .... du deine Verwandten kontaktieren?

3 .... ihr mit eurer Famile viel Spaß?

4 .... deine Neffen so süß wie auf dem Foto?

5 .... ihr mit euren Verwandten lange sprechen?

machte	hatte
gab	konntet
war	waren
konntest	hattet

6 Thomas .... nicht viel Zeit für seine Familie.

7 Seine Familie .... sehr überrascht.

8 Als ich bei meinen Verwandten war, ... ich viel mit ihnen.

3 Schreiben Sie die fehlenden Vokale in die Lücken, um die Sätze zu vervollständigen.

1 Letzten Sommer habe ich meine F __ m __ l __ __ n __ ng __ h __ r __ g __ n in Spanien kennengelernt.

2 Das F __ m __ l __ __ ntr __ ff __ n hat großen Spaß gemacht.

3 Das H __ __ m __ tl __ nd meiner Eltern ist die Türkei.

4 Die L __ ndsch __ ft ist dort anders als in Deutschland.

5 Der K __ lt __ rsch __ ck war sehr groß.

6 Ich muss für meine Verwandten mein Spanisch v __ rb __ ss __ rn.

7 Ich fand die W __ lk __ nkr __ tz __ r toll!

8 Mit den Gästen bin ich ins Fr __ __ b __ d gegangen.

3.1 Home town and geographical surroundings (1)

Einsteigen

1 Was passt zusammen? Schreiben Sie den richtigen Buchstaben in jedes Kästchen.

1	Hallen-	☐	**5**	häu-	☐	**A** karte	**E** mitte
2	Kino-	☐	**6**	Musik-	☐	**B** fig	**F** laden
3	Einkaufs-	☐	**7**	Austausch-	☐	**C** bad	**G** zentrum
4	täg-	☐	**8**	Stadt-	☐	**D** partner	**H** lich

2 Wohin geht die Person oft? Schreiben Sie den richtigen Ort in die jeweilige Lücke.

1 „Ich liebe Bücher." Die Person geht in die ....

2 „Ich sehe gern die neusten Filme." Die Person geht ins ....

3 „Ich schwimme gern und bin gern in der Natur." Die Person geht ins ....

4 „Meine Geschwister und ich mögen CDs." Die Person geht in den ....

5 „Ich bin sehr sportlich." Die Person geht ins ....

6 „Ich mag Musicals und auch Stücke von Shakespeare." Die Person geht ins ....

3 Schreiben Sie das richtige Wort in die jeweilige Lücke.

manchmal	morgens	abends	oft	nie	jeden Tag

1 Ich sehe meine Oma .... zu Hause, sie wohnt bei uns.

2 Ich hasse Hallenbäder. Ich gehe .... schwimmen.

3 Mein Opa kommt .... zu uns: jeden Montag, Mittwoch, Freitag und Sonntag.

4 Meine Tante kommt .... nachmittags zu uns, nämlich ab und zu dienstags.

5 Ich sehe meinen Vater nur .... ab 18 Uhr.

6 Wann musst du .... aufstehen? Ich stehe um 6 Uhr auf.

3.1 Home town and geographical surroundings (2)

Abfliegen

1 Welches Wort passt?

1 In meiner Stadt ist viel los – es gibt immer .... zu tun.

man etwas jemanden niemanden

2 In meiner Stadt kann .... jeden Tag ins Theater gehen.

nichts etwas jemanden man

3 Ich langweile mich nach der Schule. Es gibt .... zu tun.

niemand nichts etwas jemand

4 Ich kenne .... , der diese Rockband mag. Kennst du etwa jemanden?

niemanden nichts man jemand

5 In meiner kleinen Stadt ist .... weit weg.

niemanden nichts man jemanden

2 Schreiben Sie die Sätze über die Stadt unten ins Positive um! Ersetzen Sie pro Satz ein Wort und verwenden Sie keine Negationen. Sie müssen insgesamt fünf Wörter ersetzen.

Ich finde Heilbronn sehr hässlich. Die Stadt ist schmutzig. Am Bahnhof ist es sehr laut. Am Sonntag ist nichts los. Für mich und meine Freunde ist es sehr langweilig.

....

....

....

Cambridge IGCSE™ German Vocabulary Workbook

3 Welche Satzhälften passen zusammen? Schreiben Sie den richtigen Buchstaben in jedes Kästchen.

1 Obwohl ich in einer Großstadt wohne, ☐   **A** dass Andreas umgezogen ist?

2 Meine Mutter mag unsere Wohnung auf dem Land, ☐   **B** weil es hier nichts zu tun gibt.

3 Weißt du, ☐   **C** obwohl es dort sehr ruhig ist?

4 Magst du deinen neuen Wohnort, ☐   **D** dass es ein großes Einkaufszentrum gibt.

5 Ich mag meine Stadt nicht, ☐   **E** kann ich in der Natur sein, weil es viele Parks gibt.

6 Ich finde an meiner Stadt gut, ☐   **F** weil sie jetzt einen Garten hat.

3.1 Home town and geographical surroundings (3)

Unterwegs

1 Was passt zusammen? Finden Sie das zugehörige Synonym. Schreiben Sie den richtigen Buchstaben in jedes Kästchen.

1 ab und zu ☐	5 an jeder Ecke ☐	**A** nicht teuer	**E** Bus und Bahn
2 geeignet ☐	6 öffentliche Verkehrsmittel ☐	**B** passend	**F** Punkte
3 Aspekte ☐	7 günstig ☐	**C** manchmal	**G** besonders
4 vor allem ☐	8 idyllisch ☐	**D** überall	**H** schön

2 Schreiben Sie das richtige Wort in die jeweilige Lücke.

einsam	leisten	ausgezeichnet	nebenan
von zu Hause aus	Lärm	Internetverbindung	Lebensqualität

1 Wir können uns keine Wohnung in der Stadt ....

2 Auf dem Land ist die .... teilweise schlecht.

3 Ich finde, dass die .... auf dem Land höher als in der Stadt ist.

4 Die Einkaufsmöglichkeiten in meiner Stadt sind ....

5 Manche junge Menschen fühlen sich auf dem Land ....

6 In der Großstadt wissen viele Menschen nicht, wer in der Wohnung .... wohnt.

7 Meine Mutter arbeitet .... , sie ist nicht oft im Büro.

8 Der .... in meiner Großstadt ist furchtbar.

3 Welche Satzhälften passen zusammen? Schreiben Sie den richtigen Buchstaben in jedes Kästchen.

1 Der Lärm und der Schmutz stören mich, ☐

2 Ich lebe mit meiner Mutter auf dem Land, ☐

3 Das Beste am Stadtleben ist, ☐

4 Wegen der vielen Autos ☐

5 Obwohl die Luft in meinem Dorf sehr sauber ist, ☐

6 Im Vergleich zu unserem alten Haus ☐

A würde ich lieber in der Stadt wohnen.

B habe ich hier in unserem Haus in der Stadt wenig Platz.

C ist die Luftverschmutzung in der Stadt ein Problem.

D weil wir nach ihrer Scheidung von meinem Vater dorthin gezogen sind.

E dass es viele Freizeitmöglichkeiten gibt.

F aber ich wohne trotzdem gern in der Stadtmitte.

3.2 Shopping (1)

Einsteigen

1 Welche Orte sind hier gemeint? Ordnen Sie die Buchstaben.

1 Skerpmuart ....

2 Aktpheoe ....

3 Meeztreig ....

4 Bucdhanlunhg ....

5 Scribnweesharäegchft ....

6 Seßarüwengsähcft ....

2 Ordnen Sie die Wörter in die richtige Kategorie ein.

ein Kuli	das Papier	ein Kilo Äpfel	eine Zeitschrift	die Süßigkeiten
die Socken	die Bonbons	eine Zeitung	eine Hose	ein Hemd

Kleidergeschäft	Schreibwarengeschäft	Supermarkt

3 Wo kaufen Sie diese Dinge? Schreiben Sie das richtige Wort in die jeweilige Lücke.

1 Medikamente gibt es in Deutschland in der ....

2 Obst und Gemüse gibt es im ....

3 Mäntel und Pullover gibt es im ....

4 Bleistifte gibt es im ....

5 Brot gibt es in der .... und im ....

6 Fleisch gibt es in der / im ....

7 Blusen und Hemden gibt es im ....

3.2 Shopping (2)

Abfliegen

1 Was passt zusammen? Schreiben Sie den richtigen Buchstaben in jedes Kästchen.

1 ent-	☐	**4** ver-	☐	**A** machen	**D** decken
2 ein-	☐	**5** mit-	☐	**B** geben	**E** sorgen
3 zu-	☐	**6** aus-	☐	**C** kaufen	**F** stimmen

2 Was passt zusammen? Schreiben Sie den richtigen Buchstaben in jedes Kästchen.

1 Dort gibt es nicht nur Lebensmittel, sondern auch Bekleidung. ☐　　**A** Schmuck

2 Dort gibt es nicht nur Lesestoff, sondern auch Kalender und Landkarten. ☐　　**B** Kaufhaus

3 So nennt man Ohrringe, Ringe und Halsketten. ☐　　**C** Buchhandlung

4 Dort gibt es zuckerhaltige Produkte zu kaufen. ☐　　**D** Einkaufsgewohnheiten

5 Das, was man normalerweise kauft. ☐　　**E** Geldbeutel

6 Dort, wo man das Geld hineingibt. ☐　　**F** Süßwarengeschäft

3 Ordnen Sie die Sätze chronologisch.

A Eigentlich nichts, aber vielleicht sehen wir ja schöne Ohrringe oder Halsketten. ....

B Gerne! Was braucht ihr denn? ....

C Dann können wir dir helfen, einen schönen Mantel zu finden. ....

D Ja, super, ihr könnt mir gerne helfen! Ich würde gern in das coole Kleidergeschäft neben dem Supermarkt gehen. ....

E Jasmin, kommst du heute mit? Oliver und ich gehen shoppen. ....

F Das klingt gut. Ich brauche einen neuen Wintermantel. ....

G Gute Idee, da war ich noch nie, aber ich habe gehört, dass es dort schicke Sachen gibt! ....

3.2 Shopping (3)

Unterwegs

1 Was passt zusammen? Finden Sie das zugehörige Antonym. Schreiben Sie den richtigen Buchstaben in jedes Kästchen.

1 reichen	☐	**5** lässig	☐	**A** altmodisch	**E** weit
2 sparen	☐	**6** eng	☐	**B** unbeliebt	**F** nicht genug sein
3 populär	☐	**7** komfortabel	☐	**C** ausgeben	**G** mühsam
4 modern	☐	**8** einfach	☐	**D** elegant	**H** unbequem

2 Was passt zusammen? Finden Sie die richtige Antwort (A–F) auf die jeweilige Frage (1–6). Schreiben Sie den richtigen Buchstaben in jedes Kästchen.

1 Welche Rolle spielt Mode in deinem Leben? ☐ **A** Ich gehe zwar regelmäßig mit meinen Freundinnen in die Stadt, aber normalerweise schaue ich mir neue Kleidung nur an.

2 Was machst du, wenn dir eine Hose, die du online bestellt hast, nicht passt? ☐ **B** Mir ist es wichtig, immer modisch gekleidet zu sein.

3 Kaufst du oft Markenkleidung? ☐ **C** Designerklamotten interessieren mich überhaupt nicht, also nein.

4 Wie oft kaufst du neue Klamotten? ☐ **D** Dann verschenke oder verkaufe ich Klamotten, die ich nicht mehr brauche.

5 Welche Nachteile hat es, wenn man Schuhe online kauft? ☐ **E** Wenn sie nicht passen, muss man sie zurückschicken und das kostet Zeit.

6 Was machst du, wenn in deinem Kleiderschrank kein Platz mehr ist? ☐ **F** Dann schicke ich sie wieder zurück oder gebe sie meiner Schwester.

3 Schreiben Sie das richtige Wort in die jeweilige Lücke. Achten Sie auf die Groß- und Kleinschreibung.

eng	billige	umtauschen	anprobiert	Farbe	blumige

1 .... Kleider sind nichts für mich. Ich mag am liebsten einfarbige Kleidung.

2 Die Hose ist etwas zu .... , ich bräuchte sie eine Nummer größer.

3 Eigentlich finde ich diesen Anzug sehr schön, aber gibt es ihn auch in einer anderen

.... ?

4 Hast du diese Jacke schon .... ?

5 Morgen muss ich meine neue Bluse .... , weil sie mir doch nicht gefällt.

6 .... Kleidung ist nicht immer von schlechter Qualität.

3.3 Public services (1)

Einsteigen

1 Was passt zusammen? Schreiben Sie den richtigen Buchstaben in jedes Kästchen.

1 Im Geschäft bezahlt man oft damit. ☐ **A** der Bankangestellte

2 Dort bekommt man Geld. ☐ **B** die Kreditkarte

3 kleine Tasche für das Geld ☐ **C** die Wechselstube

4 ein Beruf ☐ **D** das Portemonnaie

5 Das bekommen manche Kinder/ Jugendliche von den Eltern ☐ **E** das Taschengeld

6 Das ist Geld in verschiedenen Ländern ☐ **F** Euro/Dollar/Pfund

2 Rechnen Sie und schreiben Sie das Wort – nicht die Zahl – hin.

   1 hundertfünfundfünfzig + sechsundvierzig = ...

   2 achthunderzwölf – zehn = ...

   3 dreihundertdreißig – neun = ...

   4 siebenundsiebzig – dreißig = ...

   5 hundertfünfzig + vierundvierzig = ...

   6 dreiunddreißig – vier = ...

   7 siebenundneunzig + zwei = ...

   8 neunundfünfzig + dreiundvierzig = ...

3 Schreiben Sie das richtige Wort in die jeweilige Lücke.

   1 Ich .... mein Taschengeld.

   2 Ich möchte Geld ....

   3 Ich möchte einen Computer kaufen. Ich .... 500 Euro.

   4 Wie viel Geld .... du?

   5 Oh nein, ich habe mein Portemonnaie .... !

   6 Sie .... bar, nicht wahr?

hast
bezahlen
verloren
brauche
umtauschen
spare

3.3 Public services (2)

Abfliegen

1 Ordnen Sie die Ausdrücke in die richtige Kategorie ein.

   A ein falsches Passwort eintippen

   B die Unterhaltung wird unterbrochen

   C eine längere Nachricht schicken

   D einen Nicknamen verwenden

   E eine langsame Verbindung haben

   F regelmäßig chatten

Kommunikation	Technische Schwierigkeiten

2 Schreiben Sie das richtige Wort in die jeweilige Lücke. Vorsicht! Es sind mehr Wörter aufgeführt, als Sie brauchen.

kommunizieren	Alltags	soziale	gespeichert	Sicherheit
gratis	langsam	Passwort	Ruhe	Benutzername

1 In diesem Café kann man .... surfen.

2 In der Bibliothek ist das WLAN .... , deshalb benutze ich das Internet im Café nebenan.

3 Für mich sind .... Netzwerke sehr wichtig.

4 Das Internet ist für Jugendliche in meinem Alter ein wichtiger Teil des ....

5 Ich möchte in der Bibliothek in .... arbeiten können.

6 Ich habe die Informationen leider nicht ....

3 Welche Satzteile passen zusammen? Schreiben Sie den richtigen Buchstaben in jedes Kästchen.

1 Ich benutze nur Internetverbindungen, ... ☐   **A** das du kennst?

2 Wo ist das beste Internetcafé, ... ☐   **B** die du geschrieben hast

3 Die E-Mail, ... , habe ich nicht bekommen. ☐   **C** den ich je hatte.

4 Das ist der beste Laptop, ... ☐   **D** der in unserem Wohnzimmer steht

5 Der Computer, ... , ist sehr alt. ☐   **E** die sicher sind.

6 Das ist das Tool, ... ☐   **F** das mir sehr hilft.

3.3 Public services (3)

Unterwegs

1 Was passt zusammen? Schreiben Sie den richtigen Buchstaben in jedes Kästchen.

1 über- ☐	**5** hin- ☐	**A** scheinlich	**E** büro
2 ver- ☐	**6** vor- ☐	**B** gebracht	**F** loren
3 Fund- ☐	**7** wahr- ☐	**C** gerufen	**G** börse
4 an- ☐	**8** Geld- ☐	**D** gestern	**H** prüft

2 Wie lauten die Verben zu den unten aufgeführten Nomen (1–8)?

Beispiel: die Bezahlung **zahlen**

1 der Verlust ....   **5** der Besitzer ....

2 der Fund ....   **6** der Anruf ....

3 die Meldung ....   **7** das Telefon ....

4 der Kauf ....   **8** die Kontrolle ....

3 Wie lauten die verdrehten Partizipien? Ordnen Sie die Buchstaben.

1 Ich habe mein Handy **wedegifruneden**. ....

2 Ich habe mein Handy überall **cseuhgt**. ....

3 Ich habe das gefundene Portemonnaie zum Fundbüro **aebcrght**. ....

4 Oliver hat seinen Laptop im Fundbüro **hbgaelto**. ....

5 Als ich meine Geige vergessen habe, habe ich bei der Bahn **ncfahggaert**. ....

6 Der Finder hat sich nie **elmdgeet**. ....

3.4 Natural environment (1)

Einsteigen

1 Was passt zusammen? Schreiben Sie den richtigen Buchstaben in jedes Kästchen.

1 umwelt- ☐   **A** produkte

2 Baum- ☐   **B** freundlich

3 Elektro- ☐   **C** wolle

4 Plastik- ☐   **D** flaschen

5 Fleisch- ☐   **E** geräte

2 Welches Verb passt? Schreiben Sie das richtige Wort in die jeweilige Lücke.

1 Ich .... Plastikflaschen.

2 Wir .... kein Fleisch, um die Umwelt zu schützen.

3 Ich .... Energie – ich schalte meinen PC aus.

4 Ihr .... nur Papiertüten, nicht wahr?

5 Meine Familie .... sehr umweltfreundlich.

6 Meine Mutter .... kein Auto kaufen, weil es schlecht für die Umwelt ist.

spare
essen
lebt
will
benutzt
recycle

3 Welches Wort passt?

1 Meine Schwester und mein Bruder essen .... Fleisch. *niemand   kein   nichts*

2 Meine Freundin Susanne recycelt leider .... etwas. *kein   niemand   nie*

3 Sandra tut .... für die Umwelt. *niemand   nie   nichts*

4 .... von meinen Freunden isst Fleisch. *Keiner   Niemand   Nie*

5 In der Schule sammeln wir .... Glasflaschen. *keine   niemand   nichts*

3.4 Natural environment (2)

Abfliegen

1 Was passt zusammen? Schreiben Sie den richtigen Buchstaben in jedes Kästchen.

1	großen Spaß	☐	**A**	schützen
2	die Natur	☐	**B**	verbringen
3	seine Freizeit in der Natur	☐	**C**	treiben
4	im Nationalpark	☐	**D**	entspannen
5	keine Rolle	☐	**E**	anfangen
6	es kann Schwierigkeiten	☐	**F**	geben
7	mit der Arbeit	☐	**G**	spielen
8	Sport	☐	**H**	machen

2 Welche Satzhälften passen zusammen? Schreiben Sie den richtigen Buchstaben in jedes Kästchen.

1	Im Nationalpark ist es verboten,	☐	**A**	im Nationalpark geschützt.
2	Ich schütze gern die Natur,	☐	**B**	Nationalparks sehr wichtig.
3	Die Pflanzen, Tiere und Bäume sind	☐	**C**	mit dem Fahrrad durch den Wald zu fahren.
4	Für die Region sind	☐	**D**	weil sie mir wichtig ist.
5	Die Arbeit im Nationalpark macht mir Spaß,	☐	**E**	denn die Kollegen sind sehr nett.

3 Lösen Sie das Kreuzworträtsel.

Vertikal

1 Rauchen ist im Nationalpark nicht erlaubt, es ist ...

2 48 Stunden sind zwei ...

Horizontal

3 Der Nationalpark ist für Jung und ... interessant

4 Im Wald gibt es viele hohe ...

5 Im Wald gibt es verschiedene ... , zum Beispiel Rehe und Vögel

6 Auf einem Pferd sitzen und sich fortbewegen

3.4 Natural environment (3)

Unterwegs

1 Was passt zusammen? Schreiben Sie den richtigen Buchstaben in jedes Kästchen.

1	Saurer	☐	**5**	Sonnen-	☐	**A**	stau	
2	Erd-	☐	**6**	Recycling-	☐	**B**	erwärmung	
3	Über-	☐	**7**	Umwelt-	☐	**C**	kollektoren	
4	Regen-	☐	**8**	Verkehrs-	☐	**D**	schwemmung	

E probleme
F container
G Regen
H wald

2 Was passt zusammen? Verbinden Sie das Problem (1–5) mit der jeweiligen Lösung (A–E). Schreiben Sie den richtigen Buchstaben in jedes Kästchen.

1 Luftverschmutzung ☐

2 zu wenig Bäume ☐

3 zu viel Elektrizität verbrauchen ☐

4 zu viel Plastik ☐

5 sehr viel Müll ☐

A Man kann den Computer ausschalten, wenn man ihn nicht braucht.

B Man sollte weniger konsumieren.

C Man sollte Bestecke und Geschirr benutzen, die nicht aus Kunststoff sind.

D Man sollte zusammen im Auto fahren, nicht jeder einzeln.

E Man sollte Papier recyceln und wenig Papier benutzen.

3 Was bedeutet das? Wählen Sie die richtige Antwort. Kreuzen Sie dazu das korrekte Kästchen an.

1 Umweltschutz geht uns alle an.

  A Für manche ist das ein Problem. ☐

  B Er ist wichtig für uns alle. ☐

  C Alle schützen die Umwelt. ☐

2 Viele machen sich Sorgen um die Umwelt.

  A Viele Leute tun viel für die Umwelt. ☐

  B Viele Leute denken an die Umwelt und haben Angst um sie. ☐

  C Viele Leute engagieren sich für die Umwelt. ☐

3 Eine Minderheit interessiert sich in meiner Schule für die Umwelt.

  A Sehr viele Schüler interessieren sich für die Umwelt. ☐

  B Die meisten Schüler interessieren sich für die Umwelt. ☐

  C Weniger als die Hälfte hat Interesse an der Umwelt. ☐

4 Experten beraten Schulen, damit sie umweltfreundlicher werden.

  A Die Schulen bekommen Tipps von Fachleuten. ☐

  B Die Schulen suchen Experten für den Umweltschutz. ☐

  C Experten fragen Schulen, ob sie die Umwelt schützen wollen. ☐

3.5 Weather (1)

1 Welche Buchstaben fehlen? Schreiben Sie die fehlenden Buchstaben in die Lücken, um die Sätze zu vervollständigen. Achten Sie dabei auf die Groß- und Kleinschreibung.

1 Es ist _ e _ _ e _ i _ _ _ .

2 Es ist _ e _ ö _ _ _ .

3 Es _ _ _ _ ei _ .

4 Es ist _ e _ e _ i _ .

5 Es gibt ein _ e _ i _ _ e _ .

6 Es ist _ o _ _ i _ .

2 Wie lautet das Gegenteil? Schreiben Sie das richtige Wort in die jeweilige Lücke.

1 Im Norden ist es sonnig, im .... regnet es.

2 In Italien ist es heiß, in Finnland ist es ....

3 Andrea wohnt im Westen, Olaf wohnt im ....

4 Heute geht kein Wind, aber gestern war es sehr ....

5 Es ist heute wolkenlos, gestern war es ....

kalt
Osten
Süden
wolkig
windig

3 Schreiben Sie die Sätze aus. Achten Sie auf die Groß- und Kleinschreibung.

1 esblitztunddonnertimwesten.

....

2 imsüdenistessonnig.

....

3 scheintbeidirdiesonne?

....

4 imnordwestenistesregnerisch.

....

5 heuteistesnebelig.

....

6 daswetteristheuteinganzösterreichschlecht.

....

3.5 Weather (2)

1 Welche Buchstaben fehlen? Schreiben Sie die fehlenden Buchstaben in die Lücken.

1 S _ nn _ n _ _ _ _ ei _

2 W _ ndg _ schw _ nd _ gk _ _ t

3 R _ g _ nsch _ _ _ r   **5** G _ w _ tt _ r

4 St _ nd _ nk _ l _ m _ t _ r   **6** T _ mp _ r _ t _ r _ n

2 Schreiben Sie das richtige Wort in die jeweilige Lücke.

Wochenende	Schnee	heiß	steigen
Wettervorhersage	feucht	Südosten	kühl

1 Heute ist es warm, aber morgen soll es richtig .... werden.

2 Morgen können wir Skifahren gehen. Heute Nacht wird .... erwartet.

3 Am Anfang der Woche ist es noch schön, aber am .... wird es regnen.

4 Laut .... ist es morgen regnerisch.

5 Warmes Wetter mag ich nicht, mir ist es am liebsten, wenn es .... ist.

6 Die Temperaturen werden morgen auf 22 Grad ....

7 Heute war die Luft trocken, morgen wird sie eher ....

8 Im Westen ist das Wetter wechselhaft, im .... wird es sonnig.

3 Welche Satzhälften passen zusammen? Schreiben Sie den richtigen Buchstaben in jedes Kästchen.

1 Obwohl es kalt sein wird, ☐   **A** besonders im Osten, nämlich von 25 auf 30 Grad.

2 Es wird morgen kälter sein, ☐   **B** aber es wird nicht regnen.

3 Die Temperaturen werden steigen, ☐   **C** sollte es sonnig bleiben.

4 Heute haben wir schöneres Wetter als unsere Nachbarn in Deutschland und Frankreich, ☐   **D** aber am Nachmittag erwarten wir weder Wind noch Regen.

5 Übermorgen wird es noch windig und wolkig sein, ☐   **E** da es warm und sonnig ist.

3.5 Weather (3)

Unterwegs

1 Was passt zusammen? Schreiben Sie den richtigen Buchstaben in jedes Kästchen.

1 vom Aussterben ☐   **A** aufhalten

2 die Folgen ☐   **B** steigt

3 das Eis an den Polarkappen ☐   **C** schmilzt

4 der Meeresspiegel ☐   **D** des Treibhauseffekts

5 den Klimawandel ☐   **E** bedroht

6 südlich ☐   **F** der Wälder

7 die Auswirkungen des Klimawandels auf ☐   **G** die Menschheit

8 das Abholzen ☐   **H** der Sahara

2 Welche Satzhälften passen zusammen? Schreiben Sie den richtigen Buchstaben in jedes Kästchen.

1	Die Zeitung meldete,	☐	**A** gibt es viel Luftverschmutzung.
2	Laut vielen Wissenschaftlern können	☐	**B** schmelzen die Polkappen.
3	Wenn die Temperaturen steigen,	☐	**C** dass es eine Naturkatastrophe gegeben hat.
4	Wegen der Emissionen	☐	**D** wir den Klimawandel nicht aufhalten.
5	Wie können wir	☐	**E** die Regierung schädliche Aerosole.
6	Vor kurzem verbot	☐	**F** unsere Erde retten?

3 Welches Wort passt?

1 Wegen der Industrie und der .... gibt es viele CO_2-Emissionen.

Wetterextreme   Temperaturen   Energiequellen   Autos

2 .... in vielen Ländern sind eine Folge der höheren Temperaturen.

Energiequellen   Dürren CO_2-Emissionen   Grade

3 Die Wüsten werden immer .... *chaotischer   größer   später   steigender*

4 Die .... von Treibhausgasen ist notwendig.

Ansteigen   Ausbreitung   Folge   Reduzierung

5 Wir .... nicht, dass die Situation so schwierig ist.

entwickelten   verboten   wussten   konnten

3.6 Finding the way (1)

Einsteigen

1 Welche Buchstaben fehlen? Schreiben Sie die fehlenden Buchstaben in die Lücken.

1 Stadtm __ __ __ e   **3** Einkaufsz __ ntr __ m   **5** Stadtb __ bl __ __ th __ k

2 Rad __ __ g   **4** Marktp __ a __ z   **6** Fußballst __ d __ __ n

2 Ordnen Sie die Wörter in die richtige Kategorie ein.

Apotheke	**Radwege**	**Bahnhof**	**Kino**
Bäckerei	**Theater**	**Sehenswürdigkeiten**	**Stadtbibliothek**

Produkte kaufen	Transport	Kultur

3 Welche Orte sind hier beschrieben? Schreiben Sie das Wort auf.

   1 Dort kann gibt es viele Geschäfte unter einem Dach. . . . .

   2 Dort kann man schwimmen. . . . .

   3 Dort gibt es viele Bücher. Man kann sie gratis lesen. . . . .

   4 Dort gibt es Informationen für die Besucher der Stadt. . . . .

   5 Dort kann man Kaffee trinken und Kuchen essen. . . . .

   6 Darauf fahren Schiffe und Boote. . . . .

3.6 Finding the way (2)

Abfliegen

1 Welche Orte sind hier beschrieben? Schreiben Sie das Wort auf.

   1 Dort kann man Tiere ansehen. . . . .

   2 Dort müssen Transportmittel und Fußgänger stehen bleiben, wenn sie rot ist. . . . .

   3 In dem Gebäude kann man Bilder und Statuen sehen. . . . .

   4 Die Straßen in der Innenstadt, wo es keine Autos gibt. . . . .

   5 Dort gibt es Bäume, Pflanzen, Grill- und Spielplätze. . . . .

2 Schreiben Sie das richtige Wort in die jeweilige Lücke.

   1 Nach der Ampel gehen Sie nach . . . .

   2 Das Gebäude ist auf der . . . . Seite.

   3 Hier geht man dann . . . . rechts.

   4 Dann . . . . Sie den Marktplatz.

   5 Fahren Sie . . . . die Brücke.

   6 Am besten laufen Sie . . . . den Park.

   7 Sie können das Gebäude nicht . . . . , es gibt dort nur das eine.

   8 Er ist zuerst an den Geschäften . . . . .gelaufen.

durch
nach
vorbei
verfehlen
über
überqueren
rechten
rechts

3 Welches Verb passt? Schreiben Sie das richtige Wort in die jeweilige Lücke.

   1 Im Planetarium gibt es viele Fische zu . . . .

   2 Um zum Hafen zu kommen, müssen Sie den Bus Nr. 230 . . . .

   3 Ich bin gestern an der Markthalle . . . .

   4 Sie müssen über die Brücke . . . .

gehen
vorbeigelaufen
sehen
nehmen
zeigen
gejoggt
abbiegen
ist

5 Andres ist gestern durch den Park ....

6 Am Hafen .... die Luft besonders gut.

7 Du musst mir morgen deine Stadt ....

8 Sie können nicht mit dem Auto rechts ....

3.6 Finding the way (3)

1 Welche Vokale fehlen? Schreiben Sie die fehlenden Vokale in die Lücken. Achten Sie dabei auf die Groß- und Kleinschreibung.

1 __ nn __ nst __ dt

2 W __ gb __ schr __ __ b __ ng

3 F __ ßg __ ng __ rz __ n __

4 Z __ br __ str __ __ f __ n

5 V __ rk __ hrsm __ tt __ l

6 Kr __ __ sv __ rk __ hr

7 H __ lt __ st __ ll __

8 H __ __ ptstr __ ß __

2 Eine Wegbeschreibung. Ordnen Sie die Sätze chronologisch.

A Ich wollte hinlaufen, ja. Ist es denn weit? ....

B Das Kunstmuseum ist in der Kaiserstraße. Wollen Sie zu Fuß hingehen? ....

C Entschuldigung, wo ist das Museum? Wie komme ich von hier dorthin? ....

D Ich schätze mal so zehn Minuten. ....

E Vielen Dank für die Auskunft. Wie lange dauert das so ungefähr? ....

F Wenn Sie den kürzesten Weg nehmen, ist es nicht weit. Gehen Sie geradeaus und bis zur zweiten Kreuzung. Danach müssten sie rechts abbiegen, dort ist das Museum. ....

3 Welche Satzhälften passen zusammen? Schreiben Sie den richtigen Buchstaben in jedes Kästchen.

1 Ich musste nicht weit laufen, ☐   **A** sieht man das Gebäude schon.

2 Ich habe mein Ziel gefunden, ☐   **B** weil mir jemand den Weg beschrieben hat.

3 Wir mussten öffentliche Verkehrsmittel benutzen, ☐   **C** weil Autos in der Gegend nicht erlaubt sind.

4 Die Ampel war kaputt, ☐   **D** deshalb habe ich die Straße bei Rot überquert.

5 Wenn man zu Fuß geht, ☐   **E** weil das Gebäude nicht weit weg war.

6 Wenn man über die Brücke geht, ☐   **F** ist man schneller als mit dem Bus.

3.7 Travel and transport (1)

Einsteigen

1 Was passt zusammen? Schreiben Sie den richtigen Buchstaben in jedes Kästchen.

1	ein anderes Wort für Auto	☐	**A**	die Haltestelle
2	Dort wartet man auf den Bus.	☐	**B**	die U-Bahn
3	Man fliegt damit.	☐	**C**	der Bahnhof
4	Sie fährt unter der Erde.	☐	**D**	das Flugzeug
5	Dort fahren Züge ab.	☐	**E**	das Fahrrad
6	ein Transportmittel für eher sportliche Menschen	☐	**F**	der Wagen

2 Schreiben Sie das richtige Wort in die jeweilige Lücke. Vorsicht! Ein Wort passt nicht.

1 Meine Schwester fliegt nach Kanada. Der Flug ist .... teuer.

2 Im Schulbus gibt es immer .... Platz. Es gibt sehr viele Schüler.

3 Ich gehe .... in die Schule.

4 Fährst du mit dem .... zur Schule?

> zu Fuß
> Rad
> viel
> wenig
> sehr

3 Finden Sie die sieben versteckten Wörter.

E	B	A	H	N	H	O	F	E	R	N	E	L	O	L
I	Y	H	L	N	I	D	K	F	C	T	G	N	A	E
K	Q	S	T	A	D	T	M	I	T	T	E	E	F	T
R	D	E	I	E	R	K	U	L	T	E	T	M	G	T
N	A	V	E	Z	X	F	C	G	M	I	T	M	E	I
E	N	O	B	P	C	Ä	G	U	Z	N	E	O	N	M
H	O	R	B	G	I	N	I	E	R	E	N	K	I	S
E	V	Z	F	E	T	L	A	D	S	U	B	L	E	R
S	L	T	C	N	T	I	E	E	R	C	E	L	H	H
E	S	B	I	L	L	I	G	H	I	U	R	I	C	E
G	S	L	N	E	M	A	R	E	D	S	E	W	Ü	K
N	L	S	T	R	A	S	S	E	N	B	A	H	N	R
R	F	E	R	E	F	Ü	D	O	R	B	I	P	B	E
E	S	N	U	E	R	F	E	G	Q	X	V	O	E	V
F	K	N	E	Z	D	E	N	H	C	S	Z	Y	G	G

> **STRASSENBAHN**
> **ZUG**
> **VERKEHRSMITTEL**
> **STADTMITTE**
> **BAHNHOF**
> **BUS**
> **BILLIG**

3.7 Travel and transport (2)

Abfliegen

1 Was passt zusammen? Schreiben Sie den richtigen Buchstaben in jedes Kästchen.

1	Rückfahr-	☐	**5**	Fahrplan-	☐	**A**	strecke	**E** saal
2	Kurz-	☐	**6**	Bahn-	☐	**B**	eingang	**F** ziel
3	Haupt-	☐	**7**	Ein-	☐	**C**	karte	**G** steig
4	Warte-	☐	**8**	Reise-	☐	**D**	auskunft	**H** stieg

2 Welche Wörter passen hier? Ergänzen Sie die Sätze!

1 Ich brauche eine R.............................karte von Wien nach Berlin.

2 Die Lösung für unser Gepäck: Es gibt G.............................r am Bahnhof.

3 Ich muss meine Fahrkarte entwerten. Wo ist der E.............................r?

4 Von welchem B.............................g fährt der Zug nach Dortmund?

5 Ich fahre nur drei Stationen. Das ist dann eine K.............................e.

6 Wir wollen 24 Stunden mit den öffentlichen Verkehrsmitteln fahren. Wir brauchen eine T.............................e.

3 Wie lauten die Verben zu den unten aufgeführten Nomen (1–6)?

Beispiel: der Entwerter *entwerten*

1 die Rückfahrt ....

2 die Hinfahrt ....

3 die Abfahrt ....

4 die Ankunft ....

5 der Einstieg ....

6 der Ausstieg ....

3.7 Travel and transport (3)

Unterwegs

1 Was passt zusammen? Schreiben Sie den richtigen Buchstaben in jedes Kästchen.

1	beliebtes	☐	**5**	letztes	☐	**A**	Unterhaltung	**E** Ausflugsziel
2	öffentliche	☐	**6**	kulinarische	☐	**B**	Stadt	**F** Ampel
3	autofreie	☐	**7**	kostenloser	☐	**C**	Verkehrsmittel	**G** Spezialitäten
4	gute	☐	**8**	rote	☐	**D**	Wochenende im Mai	**H** Shuttlebus

2 Welche Satzteile passen zusammen? Schreiben Sie den richtigen Buchstaben in jedes Kästchen.
Vier Wörter bestehen aus drei Teilen, drei Wörter nur zwei.

1	Fuß-	B	i	**A** stadt		**i**	zone
2	Alt-	☐	☐	**B** gänger		**ii**	ampel
3	Fest-	☐	☐	**C** platz		**iii**	stand
4	Weg-	☐	☐			**iv**	möglichkeit
5	Fahrrad-	☐	☐			**v**	ziel
6	Park-	☐	☐			**vi**	fest
7	Fuß-	☐	☐			**vii**	gelände
8	Ausflugs-	☐	☐			**viii**	beschreibung

3 Welche Satzhälften passen zusammen? Schreiben Sie den richtigen Buchstaben in jedes Kästchen.

1	Um zum Fest zu kommen,	☐	**A**	fahren wir mit der Straßenbahn ins Zentrum.
2	Wir treffen uns am besten am	☐	**B**	dorthin.
3	Sie haben sich letztes Jahr	☐	**C**	Hauptbahnhof um kurz vor 20 Uhr.
4	Dieser Weg führt direkt	☐	**D**	beim Altstadtfest kennengelernt.
5	Sehr viele Besucher beim Oktoberfest	☐	**E**	bis zur Ampel.
6	Gehen Sie geradeaus	☐	**F**	sind aus dem Ausland angereist.
7	Die Parkplätze sind	☐	**G**	am Eingang zum Bahnhof abgestellt.
8	Gestern habe ich mein Fahrrad	☐	**H**	nicht weit von der Stadtmitte entfernt.

4.1 German schools (1)

Abfliegen

1 Ordnen Sie die Wörter in die richtige Kategorie ein.

Sekundarstufe	**Gymnasium**	**Vokabeltest**	**Grundschule**
Mittlerer Abschluss	**Klassenarbeiten**	**Abitur**	

Schulart	Qualifikation	In der Schule

2 Was passt zusammen? Schreiben Sie den richtigen Buchstaben in jedes Kästchen.

1 Mit dieser Qualifikation kann
man auf die Universität gehen. ☐ **A** das duale System

2 Man lernt und arbeitet gleichzeitig. ☐ **B** das Abitur

3 Dafür braucht man eine Ausbildung. ☐ **C** die Grundschule

4 die Qualifikation am Ende der
Sekundarstufe I ☐ **D** Friseurin

5 Sie geht bis zur 5. oder 6. Klasse. ☐ **E** das Gymnasium

6 die Schule für Schüler und
Schülerinnen mit guten Noten ☐ **F** der Mittlere Abschluss

3 Welches Verb passt? Schreiben Sie das richtige Wort in die jeweilige Lücke.

1 Nach der Grundschule .... mein Bruder die Realschule.

2 Er hat gerade mit seiner Ausbildung angefangen. Sie ....
drei Jahre.

3 Wenn man die Oberstufe .... , darf man studieren.

4 Studium oder Ausbildung? Er .... sich erst nächstes Jahr.

5 Die Sekundarstufe I .... mit dem Mittleren Abschluss.

6 Dieser Betrieb .... eine Ausbildung an.

abschließt
bietet
endet
entscheidet
besucht
dauert

4.1 German schools (2)

Unterwegs

1 Welches Wort passt?

1 In den .... machte die Schule noch Spaß.

Grundschulzeit   Grundschuljahren   Grundschule

2 In meiner Klasse .... wir schöne Bilder.

lasen   schrieben   malten

3 Es war in der Grundschule schwierig, die .... der deutschen Sprache zu lernen.

Unterschiede   Rechtschreibung   Freizeitbeschäftigung

4 In der Grundschule .... wir viel Zeit mit unseren Freunden.

verbrachten   zeichneten   sangen

5 Ich erinnere mich ganz genau .... die Grundschule.

auf   über   an

2 Wie lautet das Gegenteil? Ersetzen Sie das unterstrichene Wort.

Beispiel: Ich fand die Bootsfahrt in der Grundschule ~~super~~. schlecht

   1 Der Unterricht in der Grundschule war für mich immer sehr *aufregend*. ....

   2 Das Schreibenlernen war in der Grundschule wirklich *einfach*. ....

   3 Ich habe heutzutage *mehr* Zeit für Hausaufgaben. ....

   4 Der Unterricht *endete* immer früh. ....

   5 Ich ging eigentlich *immer* gern in die Grundschule. ....

3 Welche Satzhälften passen zusammen? Schreiben Sie den richtigen Buchstaben in jedes Kästchen.

   1 Als ich in der Grundschule war, ☐   **A** weil es eine Schulglocke gab.

   2 Obwohl der Unterricht sehr anstrengend war, ☐   **B** hatte ich viele Freunde.

   3 Der Unterricht begann immer pünktlich, ☐   **C** deshalb hatte ich immer Angst.

   4 Meine Lehrerin sang immer ein Lied für uns, ☐   **D** weil ich Trompete lernen wollte.

   5 Montags ging ich zur Musikschule, ☐   **E** hat er mir Spaß gemacht.

   6 Der Mathelehrer war immer sehr streng, ☐   **F** bevor ihr Unterricht begann.

4.2 Further education and training (1)

Abfliegen

1 Schreiben Sie Sätze mit den folgenden Ausdrücken. Verwenden Sie dabei auch „er" und „sie" (singular).

Beispiel: meine berufliche Zukunft **Meine berufliche Zukunft ist mir wichtig.**

   1 flexible Arbeitszeiten

   ....

   2 das Ausbildungsjahr

   ....

   3 Geld verdienen

   ....

   4 eine gut bezahlte Arbeit

   ....

   5 ein langer Arbeitstag

   ....

2 Welche Satzhälften passen zusammen? Schreiben Sie den richtigen Buchstaben in jedes Kästchen.

1 Mein Bruder möchte Medizin studieren, ☐   **A** um Geld für sein Studium zu verdienen.

2 Es ist schwierig, ☐   **B** um meine Sprachkenntnisse zu verbessern und eine neue Kultur kennenzulernen.

3 Ich studiere ein Jahr im Ausland, ☐   **C** einen guten Ausbildungsplatz zu finden.

4 Er hat einen Sommerjob, ☐   **D** um Hilfe bei der Berufswahl zu bekommen.

5 Ich gehe zum Berufsberater, ☐   **E** um als Bankkauffrau arbeiten zu können.

6 Sie will eine Ausbildung machen, ☐   **F** damit er Arzt werden kann.

3 Lösen Sie das Kreuzworträtsel.

Vertikal

1 Abkürzung für Auszubildender

2 Man macht sie, wenn man als Friseurin, Handwerker usw. arbeiten möchte

4 Eine Fachfrau; eine Frau, die sich in ihrem Fach auskennt

Horizontal

3 Wenn man an der Universität studiert, absolviert man ein ...

5 Das Geld, das man für die Arbeit bekommt

6 Wenn man eine Pause macht und nicht arbeitet oder studiert

7 Man arbeitet, um ... zu verdienen

4.2 Further education and training (2)

Unterwegs

1 Was passt zusammen? Schreiben Sie den richtigen Buchstaben in jedes Kästchen.

1 den Berufs- ☐   **5** Gelegenheits- ☐   **A** zeit nehmen   **E** messe gehen

2 eine Abschluss- ☐   **6** mit einem Medizin- ☐   **B** prüfung bestehen   **F** einstieg planen

3 als Fremdsprachen- ☐   **7** auf die Uni- ☐   **C** assistentin arbeiten   **G** studium beginnen

4 eine Lehr- ☐   **8** eine Aus- ☐   **D** arbeiten suchen   **H** stelle finden

2 Andreas und Claudia sprechen über die Zukunft. Schreiben Sie den richtigen Satz (A–D) in die jeweiligen Lücken, um das Gespräch zu vervollständigen.

A Es ging, ich habe rund 10 Stunden die Woche gearbeitet.

B Genau, ich habe schon einen Job an der Nordsee gefunden. Ich werde in einem Hotel arbeiten.

C Genau, und ich hatte auch einen Nebenjob, weil ich Geld für das Studium sparen wollte.

D Der direkte Berufseinstieg ist nichts für mich. Eine Auszeit wäre besser.

Andreas, möchtest du eigentlich nach der Schule gleich arbeiten?

1 ....

Das verstehe ich – das letzte Schuljahr war ja auch sehr anstrengend …

2 ....

Wie zeitaufwendig war das?

3 ....

Verstehe. Du wirst im Sommer auch arbeiten, nicht wahr?

4 ....

3 Finden Sie die acht versteckten Wörter.

K	O	M	B	I	N	I	E	R	E	N	A	K	O	D
I	Y	H	L	N	I	D	K	F	C	T	G	R	A	T
E	F	G	G	G	E	S	C	H	A	F	F	E	N
R	I	E	I	E	R	K	U	L	T	E	T	P	G	S
G	N	S	E	N	X	F	C	G	M	I	T	E	E	H
R	A	T	B	T	R	A	S	G	T	Ü	E	R	N	J
E	N	U	B	S	I	N	I	E	R	I	N	T	N	P
I	Z	D	F	C	Y	F	R	S	D	Z	G	E	E	I
F	I	I	C	H	N	E	N	E	I	D	R	E	V	S
E	E	E	U	E	O	E	B	H	I	V	R	L	C	S
N	R	R	N	I	M	R	K	E	D	E	E	E	O	T
N	E	E	D	D	G	W	N	G	A	G	I	R	R	A
R	N	N	R	E	F	Ü	M	O	R	T	I	P	B	A
E	S	N	U	N	R	F	E	G	Q	X	V	O	E	R
F	K	N	N	E	R	E	I	B	O	R	P	S	U	A

ENTSCHEIDEN

SCHAFFEN

ERGREIFEN

VERDIENEN

KOMBINIEREN

AUSPROBIEREN

STUDIEREN

FINANZIEREN

4.3 Future career plans (1)

Abfliegen

1 Ordnen Sie die Wörter in die richtige Kategorie ein.

Arbeitsklima	Büro	Fabrik	Schule
Übersetzer	Reiseleiter	Bürostuhl	Elektrikerin

Beruf	Arbeitsort	Dinge, die mit der Arbeit zu tun haben

2 Welches Verb passt? Schreiben Sie das richtige Wort in die jeweilige Lücke.

unterhalte	besuchen	lernen	lösen	nehmen	probiere

1 Bei der Arbeit muss ich immer viele Probleme ....

2 Ich .... mich oft mit meinen Arbeitskollegen.

3 Wir .... die Abendschule, weil wir das Abitur nachholen wollen.

4 Bei dem Praktikum .... sie viel über das Arbeitsleben.

5 Bei der Arbeit .... ich oft viel Neues aus.

6 Meine Eltern .... nächste Woche frei, damit sie mich zum Praktikum begleiten können.

3 Wie lautet das Gegenteil? Ersetzen Sie die unterstrichenen Wörter.

Meine Arbeit ist total (1) <u>spannend</u>. Ich lerne sehr (2) <u>viel</u> von meinen Arbeitskollegen. Meine Arbeit

beginnt sehr (3) <u>spät</u>, aber das ist ideal für mich. Die Bezahlung ist sehr (4) <u>gut</u> und mein Arbeitstag

ist (5) <u>selten</u> stressig. Die Arbeit ist eigentlich auch (6) <u>leicht</u> und das ist besser für mich. Sie macht

einfach Spaß!

1 ....

2 ....

3 ....

4 ....

5 ....

6 ....

4.3 Future career plans (2)

Unterwegs

1 Was passt zusammen? Schreiben Sie den richtigen Buchstaben in jedes Kästchen. Vorsicht! Drei Berufe passen nicht zu den Beschreibungen. Schreiben Sie auf einem separaten Blatt eine Definition für diese Berufe.

1 Diese Personen kümmern sich um das Netz und die PCs in einer Firma. ☐

2 Diese Personen geben Kranken Medikamente mit und ohne Rezept. ☐

3 Sie helfen älteren Leuten im Alltag. ☐

4 Sie fliegen Flugzeuge. ☐

5 Diese Personen tragen die Post aus. ☐

6 Sie kennen sich mit dem Gesetz aus. ☐

7 Diese Personen planen Gebäude. ☐

8 Sie helfen Leuten, die nicht wissen, welche Arbeit in der Zukunft am besten für sie wäre. ☐

A Altenpfleger/innen

B Piloten/Pilotinnen

C IT-Sicherheitstechniker/innen

D Apotheker/Apothekerinnen

E Klempner/innen

F Juristen/Juristinnen

G Verkäufer/innen

H Berufsberater/innen

I Reiseleiter/innen

J Architekten/Architektinnen

K Briefträger/innen

2 Schreiben Sie das richtige Wort in die jeweilige Lücke.

ergreifen	sicherer	unterstützen	designen	gute	große

1 Neue Berufe, die wir heute noch nicht kennen, werden in der Zukunft eine .... Rolle spielen.

2 In der Zukunft werden wir wahrscheinlich aus Abfällen neue Produkte ....

3 Als Informatiker wird man auch in Zukunft .... Chancen haben, eine Stelle zu finden.

4 Wenn Eltern den Berufswunsch ihrer Kinder .... , macht es dies einfacher.

5 Welchen Beruf ich .... werde, ist noch nicht klar.

6 Ich würde gern als Lebensmitteltechniker die Nahrung .... machen.

3 Welche Satzhälften passen zusammen? Schreiben Sie den richtigen Buchstaben in jedes Kästchen.

1 Ich möchte Informationsmanagement studieren, ☐

2 Wenn ich keinen Uniplatz bekomme, ☐

3 Ich habe ein Praktikum in einer Bank gemacht, ☐

A werde ich für ein Jahr ins Ausland gehen.

B hat sie noch nicht so lange gedauert.

C würde ich Mitteleuropa wählen.

4 Der Beruf als Tischler interessiert mich nicht, ☐   **D** weil ich nicht gut mit meinen Händen arbeiten kann.

5 Als ich die Ausbildung zum Bäcker gemacht habe, ☐   **E** möchte aber sicher nicht im Finanzwesen arbeiten.

6 Wenn ich mir einen Arbeitsplatz im Ausland aussuchen könnte, ☐   **F** weil ich mich schon seit der 10. Klasse für PCs interessiere.

4.4 Employment (1)

Abfliegen

1 Welcher Job passt zu welcher Person? Schreiben Sie den richtigen Buchstaben in jedes Kästchen. Vorsicht! Zwei Jobs passen nicht zu den Beschreibungen.

1 Ida hat lange in Rom gewohnt. ☐   **A** Nachhilfe für Französisch gesucht

2 Hannes hat sich schon oft um Kleinkinder gekümmert. ☐   **B** Nachhilfe für Mathe gesucht

3 Fabian hat lange Zeit in Paris gewohnt. ☐   **C** Babysitter/in gesucht

4 Alina hilft ihrem Vater gern dabei, Blumen zu pflanzen. ☐   **D** Aushilfe in unserer Modeboutique im Sommer gesucht

5 Sandra möchte für Anfang/Mitte Dezember eine Gelegenheitsarbeit finden. ☐   **E** Nachhilfe für Italienisch und Latein gesucht

6 Mira rechnet sehr gern. ☐   **F** Aushilfe für die Vorweihnachtszeit im Buchladen „Kern" gesucht

G Für Gartenarbeit wird Unterstützung gesucht

H Aushilfe für Eisgeschäft im Hochsommer gesucht

2 Was passt zusammen? Finden Sie das Synonym. Schreiben Sie den richtigen Buchstaben in jedes Kästchen.

1 jedem einzeln helfen ☐   **A** jemandem den Stoff aus dem Unterricht beibringen

2 arbeiten, wann es am besten passt ☐   **B** zeitlich flexibel

3 Gehalt bekommen ☐   **C** ab und zu

4 in Gruppen ☐   **D** mehrere Personen gleichzeitig

5 gelegentlich ☐   **E** einen Lohn erhalten

6 Nachhilfe geben ☐   **F** individuell

3 Finden Sie eine Überschrift für jede Kategorie. Vorsicht! Zwei Kategorien kommen nicht vor.

| Prüfung | Gelegenheitsarbeit | Beruf |
| Arbeitskonditionen | Ausbildung | Auszeitjahr |

1	2	3	4 ....
Architektin Bauarbeiter Lehrer Gärtner Astronaut Professorin Bauer	Zeitungen austragen Flyer austeilen ab und zu babysitten	neue Kultur kennenlernen neue Sprache lernen „Work and Travel"	gute Bezahlung flexible Arbeitszeiten genug Urlaubstage

4.4 Employment (2)

Unterwegs

1 Was passt zusammen? Schreiben Sie den richtigen Buchstaben in jedes Kästchen.

1 Kunden- ☐   **4** Online- ☐   **A** stelle   **D** Marketing

2 Fahrrad- ☐   **5** Arbeits- ☐   **B** vermietung   **E** beratung

3 Wochenend- ☐   **C** arbeit

2 Wie lauten die Nomen und ihre Artikel zu den unten aufgeführten Verben (1–8)?

Beispiel: beraten *die Beratung*

1 studieren ....   **5** sich bewerben ....

2 erfahren ....   **6** suchen ....

3 spezialisieren ....   **7** verdienen ....

4 beginnen ....   **8** interessieren ....

3 Ordnen Sie die Wörter im zweiten Teil jedes Satzes richtig an.

1 Ich interessiere mich für diese Arbeit, **ich | dabei | weil | will | viel | lernen**.

....

2 Ich brauche diese Arbeit, **Studium | damit | ich | kann | mein | finanzieren**.

....

3 Obwohl das Gehalt in Stuttgart besser wäre, **für | Berlin | interessiere | ich | mich | mehr | die | Arbeit | in**.

....

4 Wenn ich in Heidelberg arbeiten würde, **jeden | Tag | ich | müsste | mit | dem | Zug | eine | Stunde | fahren**.

....

5 Geld ist mir zwar wichtig, **mir | aber | wichtiger | viel | Verantwortung | ist**.

....

6 Vielleicht sollte ich einfach für meinen Vater arbeiten, **das | weil | ist | am | einfachsten**.

....

7 Das Reparieren von Autos macht mir Spaß, **ein | Spiel | denn | es | wie | ist**.

....

8 Wenn mir die Arbeit Spaß macht, **ich | auch | Überstunden | gern | mache**.

....

4.5 Communication and technology at work (1)

Abfliegen

1 Welche Satzhälften passen zusammen? Schreiben Sie den richtigen Buchstaben in jedes Kästchen.

1 Installieren Sie	☐	**A** einen Soundcheck.
2 Schalten Sie	☐	**B** die Daten von einem Computer auf den anderen.
3 Übertragen Sie	☐	**C** die Technikerin.
4 Machen Sie vor dem Gespräch	☐	**D** den Computer ein.
5 Die Batterie ist fast leer. Holen Sie	☐	**E** die Telefonnummer.
6 Wir haben technische Probleme. Holen Sie	☐	**F** das Anti-Viren-Programm.
7 Wählen Sie bitte	☐	**G** sie bitte bis morgen.
8 Die Webseite ist nicht auf dem neusten Stand. Aktualisieren Sie	☐	**H** das Ladegerät.

2 Schreiben Sie das richtige Wort in die jeweilige Lücke.

> **ausgezeichnet**
> **nützlich**
> **gestresst**
> **hält**
> **funktioniert**
> **gesprochen**

1 Gestern habe ich per Videokonferenz mit meiner Austauschpartnerin in

Japan ....

2 Wenn mein Chef technische Geräte benutzt, ist er immer

....

3 Wenn alles .... , können wir gemeinsam online das Dokument bearbeiten.

4 Meine Chefin .... Webinare, um sich mit uns zu treffen.

5 Wie .... findest du dieses Tool?

6 Die Internetverbindung in unserer Schule ist ....

3 Schreiben Sie Sätze mit den folgenden Wörtern.

Beispiel: Arbeitszeiten **Die Arbeitszeiten in der Firma sind von 9 bis 17 Uhr.**

1 Praktikum ....

2 ausdrucken ....

3 Teambesprechung ....

4 Feierabend ....

5 kommunizieren ....

4.5 Communication and technology at work (2)

Unterwegs

1 Was ist für das Vorstellungsgespräch in Ordnung und was nicht? Ordnen Sie die Wörter in die richtige Kategorie ein.

flippige Kleidung	fünf Minuten nach dem Termin erscheinen
über Stärken sprechen	Lächeln
Blickkontakt halten	ein schwacher Händedruck
Handy eingeschaltet lassen	sich bedanken

Positiv	Negativ

2 Schreiben Sie das richtige Wort in die jeweilige Lücke.

1 Vor einem Vorstellungsgespräch bin ich nie ....

2 Für mich sind Bewerbungsgespräche immer ....

3 Karl .... den Weg zu einer Firma immer frühzeitig.

4 Mit einem freundlichen Lächeln .... man Interesse.

5 Hast du am Ende des Gesprächs viele Fragen .... ?

6 Thomas .... sich den Namen der verantwortlichen Person nur, wenn er ihn aufschreibt.

signalisiert
merkt
gestellt
stressig
recherchiert
angespannt

3 Wie lauten die Nomen und ihre Artikel zu den unten aufgeführten Wörtern (1–8)?

Beispiel: verhalten *das Verhalten*

1 schwach ....

2 stark ....

3 verantwortlich ....

4 begrüßen ....

5 interessieren ....

6 kommunizieren ....

7 stressig ....

8 freundlich ....

5.1 International travel (1)

Abfliegen

1 Ordnen Sie die Wörter in die richtige Kategorie ein.

Flieger	**Wagen**	**Helikopter**
Fähre	**Schiff**	**Zug**
Eisenbahn	**S-Bahn**	**Boot**

Auf Schienen	In der Luft	Auf dem Wasser	Auf der Straße

2 Welche Satzhälften passen zusammen? Schreiben Sie den richtigen Buchstaben in jedes Kästchen.

1 Meiner Meinung nach ist es wichtig, ☐   **A** die öffentlichen Verkehrsmittel zu verbessern.

2 Bahnfahren ist sicher am umweltfreundlichsten, ☐   **B** sind wir mit der Bahn durch ganz Europa gereist.

3 Im Sommer ☐   **C** der nach Hamburg fährt.

4 Dort drüben fährt der Zug ab, ☐   **D** wird mir oft schlecht.

5 Wenn ich mit dem Flugzeug fliege, ☐   **E** weil es wenig Emissionen verursacht.

3 Welches Wort passt?

1 .... ich noch klein war, ist meine Familie viel gereist. *Wenn   Als   Ob*

2 Meine Mutter fliegt sehr oft, ... es für ihre Arbeit nötig ist. *denn   auch   weil*

3 .... mir im Flugzeug schlecht wird, fliege ich regelmäßig. *Obwohl   Wenn   Weil*

4 Meine Tante sagt, ... die Busse und Bahnen in meiner Stadt zu teuer sind.

weil   obwohl   dass

Cambridge IGCSE™ German Vocabulary Workbook

5.1 International travel (2)

Unterwegs

1 Welches Wort passt?

1 Ich reise sehr gern. Im Sommer bin ich immer ....

entfernt   unterwegs   reisen   ausruhen

2 In Athen habe ich damals den Flug .... *vermisst   versucht   verpasst   verloren*

3 Wenn ich reise, ist es mir wichtig, etwas .... zu erleben.

Warmes   Liebstes   Nächstes   Neues

4 In St. Anton kann man verschiedene Sportarten ....

ausgeben   ausprobieren   ausrechnen   ausziehen

5 Ich will einfach mal ausspannen. Deshalb ist ein .... in diesem Sommer die

einzige Option für mich. *Kultururlaub   Sportwoche   Strandurlaub   Bustour*

2 Welche Werbung passt zu welcher Person? Schreiben Sie den richtigen Buchstaben in jedes Kästchen.

1 Ich möchte gern die österreichische Kultur kennenlernen. ☐

A Kanus, Kajaks und Co – aktiv im Urlaub

2 Es wäre schön, Urlaub mit meiner ganzen Familie zu machen und gemeinsam etwas zu erleben. ☐

B Sprachkurse und Entspannung in Marokko

3 Faulenzen ist nichts für mich – ich brauche viel Bewegung im Urlaub! ☐

C Buchen Sie ein tolles Skierlebnis in Tirol!

4 Die Hektik in der Stadt wird mir zu viel, ich brauche Ruhe. ☐

D Unser Freizeitpark – ein Spaß für Jung und Alt!

5 Ich möchte endlich mein Französisch im Urlaub verbessern. ☐

E Entspannung pur – genießen Sie unsere Insel ohne Fahrzeuge!

6 Ich möchte im nächsten Urlaub Wintersport ausprobieren. ☐

F Kultururlaub in Wien – das Highlight: der Opernbesuch

3 Ein Reisebericht. Ordnen Sie die Sätze chronologisch. ....

A Außer den Tickets haben wir schon vor der Reise die Zimmer in den Jugendherbergen gebucht.

B Mit ihnen bin ich drei Wochen mit dem Zug durch Europa gefahren.

C Sie waren fast alle günstig.

D Weil das ein langer Zeitraum ist, haben wir Interrail-Tickets gekauft, mit denen man günstig mit der Bahn fahren kann.

E Im Sommer habe ich eine tolle Reise mit meinen Freundinnen Ellie, Karen und Sonia gemacht.

F Während der drei Wochen haben wir jeden Tag in einer anderen Stadt übernachtet.

5.2 Weather on holiday (1)

Abfliegen

1 Was passt zusammen? Schreiben Sie den richtigen Buchstaben in jedes Kästchen.

1 strömender	☐	**4** schlechtes	☐	**A** Urlaubsort	**D** Gewitter
2 beliebter	☐	**5** klarer	☐	**B** Tag	**E** Urlaubswetter
3 ein nebliger	☐	**6** heftiges	☐	**C** Himmel	**F** Regen

2 Was passt zusammen? Finden Sie die richtige Antwort (A–E) auf die jeweilige Frage (1–5). Schreiben Sie den richtigen Buchstaben in jedes Kästchen.

1 Wie ist das Wetter in deinem Urlaubsland? ☐

A Am besten ist es, wenn man im Frühling hinfährt, weil dann meistens die Sonne scheint.

2 Was machst du an deinem Urlaubsort am liebsten? ☐

B Im Moment ist dort Monsunzeit.

3 Wann sollte man in deiner Heimat Urlaub machen? ☐

C Man kann sich dort gut entspannen und schönes Wetter ist garantiert.

4 Warum ist dieser Urlaubsort empfehlenswert? ☐

D Ich sonne mich ab und zu, aber eigentlich liege ich lieber im Schatten und gehe ins Schwimmbad.

5 Warum ist Ibiza ein guter Urlaubsort? ☐

E Auf der Insel wird viel gefeiert.

3 Ordnen Sie die Sätze chronologisch. ....

A Das ist mir zu warm.

B Dieses Jahr fahren wir im Spätsommer zu meiner Tante, weil sie ihren 60. Geburtstag feiert.

C Dort ist es dann angenehm kühl, weil es in Nordeuropa liegt.

D Dort ist das Wetter eigentlich immer gleich – es weht dauernd ein Wind und die Temperaturen klettern auf über 30 Grad.

E Danach fliegen wir aber nach Finnland.

F Sie wohnt seit ihrer Kindheit in Brasilien.

G Ich bevorzuge kühlere Temperaturen, deshalb freue ich mich nicht besonders auf das Wetter in Brasilien.

5.2 Weather on holiday (2)

Unterwegs

1 Welche Vokale fehlen? Schreiben Sie die fehlenden Vokale in die Lücken.

1 Waldbr __ nd __

2 Schn __ __ st __ rm __

3 W __ tt __ rv __ rh __ rs __ g __

4 W __ ss __ rm __ ng __ l

5 S __ nn __ nsch __ __ n

6 Sk __ __ rl __ __ b

2 Schreiben Sie das richtige Wort in die jeweilige Lücken.

riesengroßen	einheimische	heftige	sonniger	gefreut	gebucht

Meine Eltern haben den Urlaub nach Finnland **1**............................ , bevor wir die Wettervorhersage

gelesen hatten. Meine Eltern hatten sich schon sehr auf die Reise **2**............................ – meine

Schwester und ich hätten aber ins Warme gewollt. Es war kein **3**............................ Urlaub und es

gab **4**............................ Schneestürme! Für die **5**............................ Bevölkerung ist das ganz normal.

Wir – meine Schwester und ich – hatten auf jeden Fall trotzdem viel Spaß, wir haben sogar einen

6............................ Schneemann gebaut.

3 Beenden Sie die Sätze. Verwenden Sie dazu die Wörter in Klammern.

1 Als wir am Urlaubsziel angekommen sind, (geregnet)

....

2 Weil laut Wettervorhersage schlechtes Wetter kommen würde, (zu Hause geblieben)

....

3 Wir sind sehr froh, (sonnig)

....

4 Weil das Wetter auf der Insel schlecht war, (nicht gebucht)

....

5 Ich konnte im Urlaub nicht schwimmen gehen, (Wasser – kalt)

....

6 Ich habe tagelang am Strand gelegen, (angenehme Temperaturen)

....

5.3 Festivals and faiths (1)

Abfliegen

1 Ordnen Sie die Wörter in die richtige Kategorie ein.

Jude	Feuer	Kirche	See	Regenbogen
Moschee	Muslime	Weihnachten	Christ	Vesak

Natur	Gebäude	Person(en)	Fest

2 Welches Verb passt? Schreiben Sie das richtige Wort in die jeweilige Lücke.

1 Beim Fest haben alle bunte Kleidung ....

2 Ich habe dieses Fest noch nie ....

3 Wir haben in der Kirche viel ....

4 Beim Fest haben wir ein großes Feuer ....

5 Es wurden viele Geschenke ....

6 Gestern habe ich zum ersten Mal einen buddhistischen Tempel

....

gefeiert
angezündet
gebetet
gegeben
besucht
getragen

3 Welches Wort passt?

1 Hast du die .... Kirche gesehen? *einige   berühmte   ernste*

2 Die Atmosphäre auf dem Fest war .... *entspannt   riesengroß   vegetarisch*

3 Es war ein .... Fest. *verschiedenes   neuliches   aufregendes*

4 Die .... Speisen waren sehr lecker. *heiteren   verschiedenen   netten*

5 .... Feierlichkeiten hast du neulich begangen? *Was   Mit wem   Welche*

6 Als das Fest stattfand, ... ich mich gerade in der Stadt.

bekam   besaß   befand

5.3 Festivals and faiths (2)

Unterwegs

1 Ordnen Sie die Wörter in die richtige Kategorie ein.

Krawatte	Öllampen	Schere	Schlips	Kostüm
Kerzen	Fasching	Karneval	Fastnacht	

Etwas, das man am Körper trägt	Dinge, die man bei einem Fest verwendet	Feste

2 Welches Wort passt?

1 Als wir Kinder waren, ... wir schon an allen Festen teilnehmen.

durften hatten gingen

2 Am Rosenmontag .... die Karnevalsumzüge durch die Stadt.

sahen fuhren hatten

3 Während des Fests .... wir traditionelle Kleidung. *liefen gingen trugen*

4 Viele Leute .... an dem Fest teil. *nahmen holten trugen*

5 Die Feierlichkeiten .... am 28. Februar. *nahmen begannen aßen*

6 Die dekorierten Straßen .... sehr schön aus. *gingen sahen fuhren*

3 Wie lauten die Nomen und ihre Artikel zu den unten aufgeführten Wörtern (1–8)?

Beispiel: feiern **die Feier**

1 dekorieren ....

5 beginnen ....

2 friedlich ....

6 tolerant ....

3 traditionell ....

7 respektieren ....

4 dauern ....

8 enden ....

5.4 International menus (1)

Abfliegen

1 Was passt zusammen? Schreiben Sie den richtigen Buchstaben in jedes Kästchen.

1 Süß- ☐	4 Ess- ☐	**A** pfanne	**D** blätter
2 Lieblings- ☐	5 Basilikum- ☐	**B** löffel	**E** kartoffel
3 Fleisch- ☐	6 Brat- ☐	**C** gericht	**F** stücke

2 Welche Satzhälften passen zusammen? Schreiben Sie den richtigen Buchstaben in jedes Kästchen.

1 Man schneidet die Filets ☐	**A** und den Chili fein.
2 Rühren Sie die Bohnen ☐	**B** am besten auf dem Markt.
3 Schneiden Sie den Knoblauch ☐	**C** und die Tomaten in der Pfanne um.
4 Die Speisen kann man ☐	**D** mit einer köstlichen Beilage servieren.
5 Man backt dazu ☐	**E** in dünne Scheiben.
6 Kaufen Sie das Gemüse ☐	**F** am besten Brot.

3 Lösen Sie das Kreuzworträtsel.

Vertikal

1 Wenn man Essen zubereitet: k...

2 Essen ohne Fleisch und Fisch

4 Die Dinge, die man für die Essenszubereitung braucht: Z...

5 In Deutschland sagt man vor dem Essen oft: Guten A...

Horizontal

3 Er kocht nicht oft = er kocht s...

6 Tierisches Produkt von der Henne

7 Anderes Wort für Dessert

Photocopying prohibited   *Cambridge IGCSE™ German Vocabulary Workbook*

5.4 International menus (2)

Unterwegs

1 Ordnen Sie die Wörter in die richtige Kategorie ein. Vorsicht! Zwei Wörter passen nicht ins Schema.

Messer	Gemüse	Gabel	Reis	Essstäbchen
Speisen	Brot	Gerichte	Kekse	Nudeln

Utensilien für das Essen	Verarbeitete Lebensmittel	Wörter für „Essen auf dem Teller"

2 Andreas und Claudia sprechen über ihr Essen. Schreiben Sie den richtigen Satz (A–D) in die jeweilige Lücke (1–4), um das Gespräch zu vervollständigen.

A Sie steht oft stundenlang in der Küche.

B Das hängt davon ab. Ich bereite oft das Abendessen zu. Wenn meine Oma kocht, gibt es thailändisches Essen.

C Normalerweise koche ich vegetarisch. Meine Spezialität ist vegetarisches Curry.

D Also wir verzichten auf Fleisch, weil das für unsere Religion wichtig ist. Wie ist das bei dir?

Ist es in deiner Familie üblich, vegetarisch zu essen?

1 ....

Bei uns ist beides erlaubt, aber wir essen auch oft vegetarisch. Wer kocht in deiner Familie?

2 ....

Wie zeitaufwendig ist das?

3 ....

Verstehe. Was kochst du am liebsten?

4 ....

....

3 Welche Satzhälften passen zusammen? Schreiben Sie den richtigen Buchstaben in jedes Kästchen.

1 Im Vergleich zu ☐   **A** vor allem in diesen Ländern gegessen.

2 Die Religion hat ☐   **B** anderen Ländern essen wir viel Reis.

3 Während man in Ländern wie Spanien das Essen gern teilt, ☐   **C** zwischen manchen Ländern sind sehr groß.

4 Die Unterschiede ☐   **D** ist das in anderen Ländern nicht üblich.

5 Scharfes Essen wird ☐   **E** spielt eine große Rolle bei den Essgewohnheiten.

6 Das Einkommen ☐   **F** einen starken Einfluss auf die Essgewohnheiten.

5.5 Environmental problems (1)

Abfliegen

1 Welche Vokale fehlen? Schreiben Sie die fehlenden Vokale in die Lücken.

1 Di __ sel __ ut __ s

2 M __ ßn __ hm __

3 At __ mpr __ bl __ m __

4 L __ ftv __ rschm __ tz __ ng

5 Abf __ ll

6 W __ ss __ rkr __ ft

2 Was passt zusammen? Schreiben Sie den richtigen Buchstaben in jedes Kästchen.

1 Wenn Bäume gefällt werden. ☐   **A** Kohlendioxidemissionen

2 Sie ist wegen der Autos in der Stadt nicht sauber. ☐   **B** Luft

3 Wenn es immer weniger Tiere und Pflanzen einer Spezie/einer Art gibt. ☐   **C** Plastik

4 Es gibt sie in den Abgasen der Autos. ☐   **D** Abholzung

5 Es gibt zu viel davon im Meer. ☐   **E** Überschwemmung

6 Wenn es zu viele Niederschläge gibt. ☐   **F** Aussterben

3 Schreiben Sie das richtige Wort in die jeweilige Lücke.

globale	erneuerbare	höchste	bedrohte	gefährliche	radioaktive

1 Wir wissen alle: .... Abfälle sind sehr gefährlich.

2 Viele Länder produzieren weiterhin eine .... Menge an Schadstoffen.

3 Die .... Erwärmung ist ein großes Problem.

4 Es gibt viele .... Tiere – wir müssen sie schützen.

5 Wir brauchen .... Energien, um unsere Umwelt zu schonen.

6 Wo in Deutschland gibt es die .... Luftverschmutzung? Ich glaube in Stuttgart!

5.5 Environmental problems (2)

Unterwegs

1 Was passt zusammen? Schreiben Sie den richtigen Buchstaben in jedes Kästchen.

1	Mikroplastik-	☐	**A**	aktivistin
2	Umwelt-	☐	**B**	werk
3	Atomkraft-	☐	**C**	emissionen
4	Brennstoff-	☐	**D**	verbot
5	Kohlendioxid-	☐	**E**	damm
6	Stau-	☐	**F**	autos

2 Welches Wort passt?

1 Unser .... ist in den letzten Jahren gestiegen.

Energiequelle   Benzinautos   Stromverbrauch   Reaktorunfall

2 Kernkraftwerke .... viel Energie für Frankreich.

herstellen   produzieren   verursachen   verkaufen

3 Windparks sind bei manchen Leuten nicht beliebt, weil sie die .... beeinträchtigen.

Mikroplastik   Gesellschaft   Umweltinitiative   Landschaft

4 Der Atomstrom ist in dem Land auf 17 % ....

gesunken   gebaut   gesucht   gegründet

5 Man muss Mehrwegflaschen mehrmals ....

aufheben   recyceln   halten   erlauben

3 Wie lautet das Gegenteil? Ersetzen Sie das unterstrichene Wort.

Beispiel: In meinem Land erhält man aus der Atomkraft ~~viel~~ Energie. **wenig**

1 Die Produktion ist um 20 % <u>gestiegen</u>. ....

2 Wir unterstützen <u>fossile</u> Energien. ....

3 Die Emissionen sind sehr <u>niedrig</u>. ....

4 Man sollte Müll auf der Straße <u>liegen lassen</u>. ....

5 Mikroplastik sollte man <u>erlauben</u>. ....

Strengthen vocabulary skills with hours of ready-made activities that follow the order of the Student's Book.

>> Ensure thorough understanding of the vocabulary for each topic before moving on.

>> Target vocabulary learning according to specific needs with activities for each level of difficulty in the Student's Book.

>> Inspire the creative use of language with varied and fun exercises such as crosswords, codewords and anagrams.

>> Save valuable preparation time and expense with self-contained exercises that do not need photocopying and have full answers provided online.

Use with *Cambridge IGCSE™ German (Second edition)*
9781510447561

For over 25 years we have been trusted by Cambridge schools around the world to provide quality support for teaching and learning. For this reason we have been selected by Cambridge Assessment International Education as an official publisher of endorsed material for their syllabuses.

Working for over **25** YEARS WITH Cambridge Assessment International Education

This resource is endorsed by Cambridge Assessment International Education

✓ Provides learner support for the Cambridge IGCSE and IGCSE (9–1) (0525/7159) syllabuses for examination from 2021.

✓ Has passed Cambridge International's rigorous quality-assurance process

✓ Developed by subject experts

✓ For Cambridge schools worldwide

HODDER EDUCATION

www.hoddereducation.com

ISBN 978-1-5104-4806-3

9 781510 448063

MIX
Paper from responsible sources
FSC™ C104740